그림책으로

아이 마음 읽어주기 엄마 마음 위로하기

그림책으로
아이 마음 읽어주기 엄마 마음 위로하기

초판 1쇄 인쇄 2019년 11월 20일
초판 2쇄 발행 2023년 4월 3일

지은이   김영아
펴낸이   문케인

펴낸곳   도서출판 사우
출판 등록 2014-000017호
주소   서울시 양천구 목동동로 50, 1223-508
전화   02-2642-6420
팩스   0504-156-6085
이메일   sawoopub@gmail.com

ISBN 979-11-87332-45-9 03180

이 도서의 국립중앙도서관 출판예정도서목록(CIP)은 서지정보유통지원시스템 홈페이지
(http://seoji.nl.go.kr)와 국가자료종합목록 구축시스템(http://kolis-net.nl.go.kr)에서
이용하실 수 있습니다. (CIP제어번호 : CIP2019044179)

그림책으로

아이 마음 읽어주기
엄마 마음 위로하기

김영아 지음

사우

프롤로그

아이 마음을 읽어주면 아이가 달라진다

나는 스물세 살에 결혼해서 스물네 살에 엄마가 되었다. 그 시절에도 꽤 이른 결혼과 출산이었다. 내가 결혼을 서두른 이유는 가난한 집의 맏딸이라는 굴레에서 벗어나기 위함이었다. 요즘과 달리 다 자란 딸의 독립이 허락되기 않았던 그때, 집에서 벗어날 방법은 결혼뿐이라고 생각했다. 지금 알고 있는 걸 그때도 알았더라면, 아마 그런 선택을 하지는 않았을 것이다. 나의 결혼은 일종의 도피였고, 아무것도 모른 채 시작한 결혼생활과 출산, 육아는 버겁기만 했다.

그런 상황에서 동갑내기 남편은 다니던 직장을 그만두고 다시 공부를 하겠다고 선언했다. 남편이 한의대 입시를 준비하고 개원을 하기까지 나는 참 힘든 시간을 보냈다. 과외 교사로 생활비를 벌어 남편을 뒷바라지하고 시부모를 봉양하고 아이들을 키워야 했다. 어깨가 정말 무거웠지만, 어깨보다 더 무거운 건 마음이었다. 가장 노릇, 아내 노릇, 며느리와 엄마 노릇까지 해내는 동안 내 존재는 점점 작아지고 있었다.

한때는 나도 꿈 많고 똑똑한 학생이었는데…. 어느덧 꿈도, 열정도 다 사라져버리고 주어진 역할만 해내기에도 버거운 생활을 하고 있었다. 잘못 살고 있다는 생각이 들었고, 손해 보는 느낌이 들었다. 당시에 누군가가 나에게 "아니야, 너는 잘하고 있어."라고 말해주었다면 좋았을 텐데, 내 마음을 토닥여주는 사람은 아무도 없었다.

나는 너무 억울했다. 그래서일까? 내 마음 한구석에 보상심리가 자라났다. 나 혼자 이렇게 바보같이, 억척같이 살고 있는데 그에 걸맞은 보상을 받고 싶다는 욕구가 생긴 것이다. 그때 내 눈에 다섯 살 딸의 모습이 들어왔다. 딸아이는 누가 봐도 참 예쁘고 영리했다. 나는 그 아이에게 나의 욕망을 투사했다. '나는 꿈을 펼치지 못하고 이렇게 주저앉았지만 너만은 반드시 성공시키겠다'는 원대한 목표를 세우고, 그 목표를 향해 미친 듯이 질주했다. 딸아이에게 나는 군대 교관 같은 엄마였다. "오늘 저녁까지 학습지 다 끝내." "영어는 내일 오전에 세 번 반복해서 들어." 항상 이런 식으로 아이에게 명령했던 기억이 난다.

아이는 내가 계획한 대로 잘 따라주었다. 무엇을 가르치든 예상보다 더 좋은 성과를 보여주었다. 학교에 입학해서는 동네 엄마들 사이에서 소문이 날 정도로 우등생이었다. 학부모 모임에 가면 엄마들이 앞다투어 내게 말을 걸었다. 우리 딸은 어디에서 영어를 배우는지, 어느 학원에 보내고 어떤 학습지를 하는지 다들 궁금해 했다. 같이 그룹 과외를 하자고 제안하는 엄마도 있었다. 그럴 때마다 나는 우쭐한 마음이 들었다. 하지만 그 정도에 만족하지 않았다. 아이가 잘 따라오면 따라올수록 오히려 목표치를 높였다. '이만큼 시켜도 잘 해내니까 좀 더 시켜도 되겠지' 하는 생각에서였다.

찬바람이 부는 11월 어느 날이었다. 늦깎이 대학생인 남편은 기말고사 준비로 학교 앞 고시원에서 지내던 중이었고, 나는 정신없이 바빴다. 대입 시험을 앞둔 고3 수험생들에게 마지막으로 요점 정리를 해주고 예상 문제를 짚어주어야 했기에 1년 중 가장 분주한 때라고 할 수 있었다. 그러던 와중에 평생 잊을 수 없는 사건이 일어났다. 나는 지금도 그 일을 한 장면도 빼놓지 않고 생생하게 기억한다.

나는 아이를
아프게 한 엄마였다

그날도 나는 강남으로, 목동으로 뛰어다니다가 자정이 훨씬 넘어 집에 돌아왔다. 저녁도 먹지 못한 터라 대강 씻고 식탁 앞에 앉았다. 사 들고 들어온 샌드위치를 막 먹으려는데 어두운 거실 한 구석에서 인기척이 느껴졌다. 딸아이였다. 아이는 쭈뼛거리며 서 있었다. 차마 내 쪽으로 다가오지 못하고 망설이는 듯했다.

지금의 나라면 당장 가서 아이를 안아줬을 텐데, "엄마가 없어서 잠이 안 왔어? 엄마 많이 기다렸지?"라며 따스한 말을 건넸을 텐데, 그때의 나는 그러지 않았다. "지금이 몇 신데 아직도 안 자?" 나무라는 듯한 내 목소리에 아이는 쉽게 입을 떼지 못하고 주저하다가 겨우 말을 꺼냈다. "엄마 … 나, 이거…." 아이는 가만히 손을 내밀었다. 아이의 손바닥 위에 한 움큼이나 되는 머리카락이 있었다. 깜짝 놀라서 이게 뭐냐고 묻자 아이는 더듬더듬 설명했다. 학원에 있는데 갑자기 머리카락이 마구 빠졌다고, 집에 왔는데도 손만 대면 자꾸 머리카락이 빠진다고. 피아노 옆에 있는 쓰레기통에는 이미 머리카락이 뭉텅이로 버려져 있었다.

그 순간 나는 울컥, 하고 솟아오르는 뜨거운 기운을 느꼈다. 그건 슬픔이 아니라 분노였다. 도대체 왜 나한테는 이런 일만 일어나는 걸까? 내가 무슨 잘못을 했기에 자꾸 이렇게 불행이 찾아오는 걸까? 나는 왜 되는 일이 하나도 없고 지지리 복도 없을까? 그

심각한 사태 앞에서도 나는 나밖에 안 보였다. 고작 일곱 살밖에 안 된 아이가 그토록 힘든 일을 겪고 있는데, 내 고통만 떠올리고 내 운명만 원망했다. 사는 게 너무 버겁다는 생각이 들었다.

나는 아이에게 아무런 말도 하지 않은 채 남편에게 전화를 걸어 빨리 오라고 소리를 질렀다. 아이는 마치 자기가 큰 잘못이라도 저지른 것처럼 몸을 움츠리고 있었다. 불안에 떨고 있던 아이의 모습이 생각날 때면 아직도 주체할 수 없을 만큼 눈물이 흐른다. 빠진 머리카락을 보고 아이가 얼마나 당혹스러웠을까. 아무에게도 말도 못하고 계속해서 빠지는 머리카락을 주우면서 얼마나 무서웠을까. 새벽까지 잠 못 이루다가 엄마에게 말하기까지 얼마나 힘들었을까.

다음 날 나는 아이를 데리고 피부과에 갔다. 다행히 모근은 손상되지 않아서 머리카락은 다시 자라나겠지만 탈모 범위가 너무 크기 때문에 오랜 시간 치료를 받아야 한다고 했다. 의사는 탈모의 원인을 치료하는 것이 중요하다며 소아정신과 방문을 권했다. 의사가 써준 소견서를 받아든 나는 고민에 빠졌다. 정신과 치료라니, 너무 낯설고 두려웠다. 하지만 아이를 위해서 뭐든지 해야 할 것 같았다.

소아정신과를 방문하려고 아이와 함께 집을 나선 날, 우리는 연세대학교 백양로 한가운데에 있는 벤치에 나란히 앉았다. 한겨울의 추위가 매서웠지만, 아이에게 꼭 해야 할 말이 있었다. "엄마가 잘못했어. 엄마가 너무 미안해. 엄마도 엄마가 처음이라 잘 몰랐어…." 아이에게 사과를 하는데 눈물이 쏟아져 나왔다. 나는 아이 옆에서 한동안 꺽꺽 소리를 내며 울었다. 아이는 울지 않았다. 호랑이처럼 무섭기만 하던 엄마의 낯선 모습에 당황한 것 같았다. 그러다가 나와 눈이 마주친 순간, 갑자기 으앙, 하고 울음을 터뜨렸다. 평소 투정 부리지 않고 떼쓰지도 않았던 딸에게서 비로소 일곱 살 아이의 모습이 보였다.

우리는 부둥켜안고 울었다. 그제야 나는 깨달았다. 힘들고, 바쁘고, 먹고살기 버겁다는 핑계로 딸아이를 진심으로 안아본 적이 없었다는 사실을. 소아정신과 치료가 진행되는 동안 나는 아이를 자주 안아주고 사랑한다고 말하며 그 길고 어두운 터널을 아이와 함께 빠져나왔다.

엄마도 아이도 함께 성장하는 시간

딸아이가 안정을 찾고 남편이 일을 시작한 뒤, 나도 뒤늦게 대학원에 진학했다. 엄마가 되면서 나 자신의 인생은 끝났다고 생각했었는데, 다시 꿈이 생겼다. 마음이 아픈 사람들에게 다가가 아픔을 나누고 싶었다. 그래서 상담심리학이라는 과목을 택했고, 악착같이 공부했다.

그때 그 사건이 없었다면 나는 아이의 아픈 마음을 보지 못했을 것이다. 계속해서 아이를 닦달했을 것이고, 나와 아이는 끝내 불행했을지도 모른다. 물론 우리가 금세 상처를 회복한 것은 아니다. 나는 말로 설명할 수 없는 죄책감에 시달렸다. 아이를 힘들게 한 나쁜 엄마, 아이가 힘든 것조차 몰랐던 못난 엄마라는 생각에 죽을 만큼 괴로웠다. 고통 속에서 내 마음을 다잡았다. 다시금 아이의 마음을 놓치지 않도록, 내 상처가 또다시 아이에게 향하지 않도록. 과거를 후회하기보다 지금의 나와 내 아이를 돌보자고 마음먹었다. 지옥 같은 시간이었지만, 그 경험은 나에게 소중한 기회를 주었다. 아이를 사랑할 수 있는 기회, 그리고 나를 돌볼 수 있는 기회.

엄마들을 상대로 강의를 할 때면 나는 이 이야기를 들려주곤 한다. 그때의 내 모습이 너무 부끄럽지만, 나에게도 엄마로서 숨기고 싶은 시절이 있었다는 사실을 알려주기 위해서다.

많은 엄마들이 심리적으로 취약한 상태에 있다. 엄마가 되면 완전히 다른 세상을 만난다. 아이를 키우는 일 자체도 힘들지만, 신체 변화와 경력 단절, 주위의 시선 등 엄마가 되면서 맞닥뜨리는 여러 가지 상황이 낯설고 불편하다. 내 마음과 같지 않은 아이를 돌보다 보면 하루에도 몇 번씩 자신의 밑바닥을 마주한다. 버럭 화를 내고 돌아서면 내가 이렇게 인내심이 부족한가, 내가 이렇게 속이 좁았나, 하는 후회가 밀려온다. 최선을 다하고 있으면서도 때로는 자신이 서툴고 모자란 엄마인 것 같아 속이 상한다.

　엄마는 아이를 너무나 사랑한다. 사랑함에도 불구하고 본의 아니게 아이를 아프게 한다. 아이의 마음을 몰라서, 때로는 알면서도 적절하게 대응할 줄 몰라서 그러는 것이다. 모르는 부분은 배워 나가면 된다. 태어나자마자 한글을 읽는 아이는 없듯이 엄마가 되었다고 해서 엄마 역할을 잘할 수 있는 것이 아니다. 엄마도 아이와 함께 성장해야 하는 것이다.

우리에게는 후회보다 위로가 더 필요하다

　나는 사람들이 심리 문제를 극복해나가는 데 있어 독서가 큰 힘이 된다고 생각한다. 책 속 인물이 처한 상황이나 감정에 자신을 대입하면 그동안 몰랐던 감정을 깨닫게 되고, 나아가 억눌린 감정을 분출하게 되기도 한다. 상담실에서 내담자와 책을 매개로 대화를 나눌 때 상담 결과가 더 좋다. 내가 오랜 시간 독서치유를 중심으로 강연과 상담을 해온 까닭도 여기에 있다. 그중에서도 그림책은 짧지만 집약적인 글, 상징적인 이미지를 통해 직관적으로 메시지를 파악할 수 있기 때문에 독서치유에 더욱 유용하다.

　이러한 이유로 나는 지난해 초 『내 마음을 읽어주는 그림책』을 발간했다. 불안과 걱정, 낮은 자존감, 분노 등 부정적인 감정을 다스리고 건강하게 소화시키는 방법을 그림책을 통해 풀어낸 책이다. 그 책을 쓸 때 엄마들을 위한 그림책을 하나의 장으로 묶어서 넣고 싶었다. 하지만 엄마들에게 추천하고 싶은 그림책과 해주고 싶은 이야기가 너무도 많아 다 실을 수가 없었다. 그 내용을 온전히 한 권의 책으로 담아내고 싶었는데, 이렇게 기회가 생겨 무척 기쁘다.

이 책은 크게 두 파트로 구성했다. 1부는 아이의 마음을 읽어주는 그림책, 2부는 엄마의 마음을 위로하는 그림책이다.

엄마들과 상담을 하다보면 유독 많이 듣는 말이 있다. "아이가 대체 왜 그러는지 모르겠어요." 엄마에게는 이해가 되지 않는 말과 행동도 아이 입장에서는 다 이유가 있다. 엄마도 아이도 그 이유를 모를 뿐이다. 아이의 말과 행동을 고치려고 하기 전에 아이의 마음을 바라보기 시작하면 엄마와 아이 사이의 문제는 조금씩 해결의 기미가 보이기 시작한다. 여기에서 소개한 그림책을 아이와 함께 읽으면 아이의 마음을 이해하고 보듬어줄 수 있다.

아이의 마음을 읽어주면 신기하게도 아이가 달라진다. 아이가 변화되는 모습을 보면서 엄마들은 그동안 왜 아이 마음을 몰라줬을까 속상해하고 후회한다. 앞서 고백한 것처럼 나는 누구보다 부족한 엄마였고, 누구보다 많은 후회를 했다. 그런 만큼 나는 나를 열심히 위로해야 했다. 내 마음이 제대로 서 있어야 아이의 마음도 살필 수 있으니까. '내가 몰라서 그랬어. 나도 엄마가 처음이었잖아. 나도 지금 배우고 있는 거야. 이제부터 정말 잘하면 되는 거야.' 수없이 되뇌고 또 되뇌었다.

내가 잘못한 일에 대해 '괜찮다'고 생각한 것은 아니었다. 하지만 이제 나의 잘못을 알게 되었으니까 앞으로는 잘할 수 있을 거라고 스스로를 북돋아주고 믿어주었다. 그렇게 끊임없이 나를 다독이며 아이에게 다가갔다. 그때 내가 나에게 건넸던 위로를 다른 엄마들에게도 건네고 싶다. 아이의 마음을 읽어주고 엄마의 마음을 위로하는 데 이 책이 조금이나마 도움이 된다면 좋겠다.

좋은 기회를 주신 사우출판사 문채원 대표님, 책의 기획과 편집을 맡아주신 서주희 편집자 님께 감사의 마음을 전하고 싶다. 언제나 가장 큰 힘이 되어주는 사랑하는 두 아이, 여전히 때때로 흔들리지만 지금 이 시간을 잘 걸어가고 있는 나 자신에게도 고맙다고 말해주고 싶다.

2019년 초겨울 김영아

차례

프롤로그 · 아이 마음을 읽어주면 아이가 달라진다 004

까칠하고 공격적인 아이의 속마음 · 『가시소년』 021
동생을 갖게 될 아이가 느끼는 불안 | 불안한 마음은 가시가 되고 | 아이의 마음을 미리 판단하지 말 것 | 더 사랑해달라는 소리 없는 외침

우리 아이는 왜 이리 예민할까요? · 『비 오는 날의 소풍』 031
부정적인 상황에 긍정적으로 대처하려면 | 아이가 예민한 데는 이유가 있다 | 아이는 부모의 말이 아니라 태도를 보면서 배운다

엄마를 한시도 떨어지지 않으려는 심리 · 『엄마 껌딱지』 040
대상 항상성, 평생의 인간관계를 좌우한다 | 발달과정을 알면 조금 너그러워진다 | 안 떨어지려는 아이를 떼어놓을 때 기억해야 할 것

넌 왜 그렇게 주의가 산만하니? · 『너 왜 울어?』 050
아이는 지금 많은 것을 배우고 있는 중 | 해달라는 대로 다 해줬는데 왜 우냐고요? | 자율성을 획득하려는 안간힘

왜 우리 아이는 못된 짓만 골라서 할까요? · 『에드와르도-세상에서 가장 못된 아이』 060
평범했던 그 아이는 왜 못된 아이가 되었을까 | 사람을 변화시키는 한마디의 말 | 아이에게 꼬리표를 붙이지 말 것

솔직하게 말하지 못하는 아이의 심정 · 『거북아, 뭐 하니?』 068
입 다문 아이, 불안한 엄마 | 수치심이라는 위험한 감정 | 부모가 할 수 있는 일이란 기다려주는 것 | 독심술이 아니라 인내심이 필요하다

1부
아이 마음 읽어주고 공감하기

자기만 아는 아이, 내가 잘못 키운 걸까요? • 『넌 정말 멋져』   078
떼쓰는 아이를 대하는 법 | 자기밖에 모르던 공룡이 조금씩 달라지는 이야기 | 다섯 살에게 열 살의 모습을 바라지 말 것

왜 책을 안 좋아할까요? • 『책 먹는 여우』   087
아이가 책과 멀어지는 첫 번째 이유 | 좋다는 책 다 읽혀도 소용없더라? | 책 읽기가 힘든 엄마들에게

누굴 닮아서 성격이 부정적인지 모르겠어요 •   095
『공원에서 일어난 이야기』
"우리 애가 외톨이래요" | 아이는 부모의 시선으로 세상을 본다 | 회복탄력성, 부모가 가르쳐야 할 모든 것

아이에게 엄마는 어떤 존재일까 • 『엄마 마중』   104
유일하고 절대적인 사람 | "짜증내고 떼쓰는 둘째가 미워요" | 엄마 품이 그리웠던 여덟 살의 기억 | 다행이다, 엄마를 만나서

아이가 무기력해서 속이 터져요 • 『마음이 아플까봐』   113
부모의 의욕이 부담스러운 아이 | 마음을 닫기로 결심한 아이 | "엄마 때문에 90점 이상은 안 받을 거예요" | 아이가 좋아하는 것도 싫어하는 것도 없다면

2부
엄마 마음 위로하기

네가 내게로 온 날 · 『네가 태어난 날엔 곰도 춤을 추었지』 · 125
한 사람이 온다는 것은 그의 마음이 오는 것 | "아이가 칭얼대면 욱하는 마음이 올라와요" | 아이는 부모의 장단점을 모두 섭취한다 | 내가 받고 싶었던 사랑을 내 아이에게 주자

부족한 엄마라서 속상해요 · 『완벽한 아이 팔아요』 · 135
"완벽한 부모는 살 수 없나요?" | 아이들은 어떤 부모를 원할까? | 아이가 원하는 엄마는 '우리 엄마'

**자꾸 화를 내서 아이에게 상처를 줘요 ·
『엄마가 화났다』,『고함쟁이 엄마』** · 142
밤에만 친절해지는 엄마 | 누구나 실수하고 후회한다 | 지나간 시간보다 남은 시간이 더 많다

나는 왜 네 훈장을 내 것이라고 착각했을까 · 『메두사 엄마』,『비움』 · 152
나는 너무 늦게 깨달았다 | 보호와 통제 사이 | 자식의 성공이 내 성공? | '나'로 산다는 것

아이를 보면 자꾸만 조급해져요 · 『점』,『씨앗 100개가 어디로 갔을까』 · 161
아이가 커갈수록 불안도 커지고 | 점 하나가 뛰어난 작품이 되기까지 | 아이에게 절대 해서는 안 되는 말 | 조급해질 때마다 꺼내 보면 좋은 문장

**훨훨 날고 싶은데, 아이가 내 발목을 붙잡고 있는 것 같아요 ·
『아무도 가지 않은 길』** · 171
아무도 가지 않은 길에 보물이 있다 | 정답이 없는 육아에서 해답 찾기 | 아이의 자존감이 낮은 이유 | 그 길 끝에 보물은 없을지라도

아이가 괴로워하면 죽을 것처럼 힘들어요 · 『나는 사실대로 말했을 뿐이야』 181

융통성 없는 우리 아이 어쩌면 좋을까요? | 아픔을 겪고 나야 깨닫는 것이 있다 | 인간관계를 배워나가는 과정 | 들어주고 기다려주는 당신은 충분히 좋은 엄마

대한민국에서 엄마로 산다는 것 · 『잃어버린 진실한 조각』 189
당신도 소중하고, 그들도 소중하다 | 내 아이만 잘사는 방법은 없다 | 헌신하는 엄마가 놓치고 있는 것

커가는 아이의 뒷모습을 보며 쓸쓸해질 때 · 『아모스와 보리스』 197
아프지만 분리는 피할 수 없다 | 어린이집에 처음 보내는 날 | 서로 사랑하지만 함께할 수 없을 때 | 성숙한 관계란 멀리서도 인정하고 지지해주는 것

초라한 내 모습에 눈물이 나요 · 『책으로 집을 지은 아이』 206
엄마 노릇이 힘들어 죽겠는 이들에게 권하는 그림책 | 아이를 키우면서 재능을 발견한 사람들 | 엄마가 돼도 '나'의 인생은 계속된다

유년의 아픔이 뭉게뭉게 피어오르던 순간들 · 『누더기 외투를 입은 아이』『잠자리 편지』 216
춥고 가난하고 외로웠던 시절 | 천 조각에 깃들인 사연 | 내 마음을 알아주기를 바랐을 뿐인데 | 그럼에도 불구하고 잘 자란 우리들에게

1부

아이 마음
읽어주고 공감하기

까칠하고
공격적인
아이의 속마음
『가시소년』

사람이 태어나자마자 느끼는 감정은 무엇일까? 낯선 세상에 대한 두려움일까? 드디어 세상에 나왔다는 기쁨과 환희일까? 아니면 그저 어리둥절하기만 할까?

심리학에서는 아이가 태어나자마자 가장 먼저 느끼는 감정이 '불안'이라고 이야기한다. 자궁은 태아에게 완벽한 환경이다. 우리는 흔히 엄마 배 속이 깜깜하고 갑갑하지 않을까 생각하지만, 태아에게는 그곳만큼 편안한 장소가 없다. 태아 입장에서 출생이란 아담과 이브가 에덴동산에서 쫓겨나는 것과 비슷한 일인지도 모른다.

열 달 동안 잘 지냈던 자궁을 떠나 산도에 들어서는 순간, 태아는 편안하지 않은 상태가 된다. 비좁은 산도를 힘겹게 통과하는 시간은 세상에 태어나기 위해 반드시 거쳐야 하는 과정이지만, 태아에게는 엄청난 스트레스 요인이다. 엄마 배 속에 살던 시절이나 출생 당시를 기억하는 사람은 아무도 없다. 그래도 이때의 감정은 무의식에 남아 사는 동안 내내 영향을 미친다.

불안은 생애 최초의 감정이므로, 인간은 태생적으로 불안한 존재라고 할 수 있다. 따라서 모든 사람은 기본적으로 불안(不安)에서 안(安)으로 향하고자 하는 욕구가 있다. 불안을 떨쳐내고 편안한 감정으로 살고자 하는 것이다. 그 때문에 우리의 무의식은 다양한 방어기제를 작동시키기도 한다. 너무 불안할 때는 진실을 회피하거나 거짓말을 하는 방식으로 자신의 심리적 상처를 최소화하려는 것이다. 자기가 원하지 않는 기억을 뇌에서 깡그리 지우는 해리성 기억상실, 자기 자신을 인정하지 못하고 다른 사람으로 만들어버리는 해리성 정체성 장애 등은 지나친 방어기제로 인해 생기는 문제들이다.

그렇다고 해서 방어기제가 무조건 나쁜 것은 아니다. 적당한 방어기제는 심리 건강에 도움이 되기도 한다.

불안도 그렇지만, 그 어떤 부정적인 감정도 감정 자체가 문제인 것은 아니다. 화가 나고, 우울하고, 짜증이 나는 것은 누구나 시시때때로 경험할 수 있는 자연스러운 감정이다. 오히려 그런 감정을 아예 느끼지 못한다면 그것이야말로 문제라고 할 수 있다.

중요한 것은 부정적인 감정을 적절하게 표출하고 해소하는 방식이다.

우리 사회에는 부정적인 감정을 너무 억압해서 화병에 걸린 사람, 부정적인 감정을 아무렇게나 다뤄서 분노조절장애에 걸린 사람이 너무나 많다. 자라면서 부정적인 감정을 제대로 표현하는 연습을 하지 못한 탓인지도 모른다. 부정적인 감정을 꾹 눌러 참는 아이를 기특하다거나 인내심이 많다며 칭찬하는 부모, 반대로 감정을 제멋대로 폭발시키는데도 그저 잘한다고 어화둥둥 하는 부모를 볼 때면 안타까움이 크다. 그런 반응은 아이의 심리 건강에 결코 도움이 되지 않는다.

동생을 갖게 될 아이가 느끼는 불안

2년 전쯤 아이 문제로 깊이 고민하는 부모와 상담을 한 적이 있다. 아이가 다니는 유치원에서 전화가 왔는데, 담임선생님 말씀에 따르면 이전과 달리 아이가 친구들에게 자꾸 가시 돋친 말을 한다는 것이었다. 같은 일이 계속 반복되니 이제 친구들도 아이랑 어울리려 하지 않는다며 선생님도 걱정하는 상황이었다.

"실은 몇 달 전부터 집에서도 자꾸 말썽을 부려요. 별거 아닌 일에도 너무 뾰족하게 굴고요. 엄마 아빠가 편해서 그런 줄 알았는데 유치원에서도 그런다니까 걱정이에요. 동생이 생겨 그런 걸까요?"

아이 엄마의 배는 만삭에 가까웠다. 원래 아이들은 동생이 생기면 이전과 다른 모습을 보이기도 한다. 자신이 독차지했던 가족들의 사랑을 동생에게 빼앗길까봐 불안하기 때문이다. 갑자기 어리광을 부리고 아기처럼 구는 퇴행행동은 동생이 생긴 아이들에게서 흔히 볼 수 있다. 부모의 관심을 끌기 위한 몸부림인 것이다.

그런데 상담을 진행하며 지켜보니 내담자 부부의 아이는 불안감이 특히 심했다. 엄마 배 속에 있는 아기는 아들이었다. 그 소식을 들은 아이의 조부모가 무척 기뻐한 모양이다. 간절하게 손자를 바랐다는 그분들이 손녀 앞에서 너무 티를 냈다고 한다.

"드디어 우리 집 장손이 태어나는구나!"

자신을 예뻐하던 할머니, 할아버지가 만날 때마다 이런 말을 하면서 아직 태어나지도 않은 동생을 위한 선물만 사 오니 아이의 마음 한편에 서운함과 질투가 자라났다. 동생이 태어나면 자신은 밀려날 거라는 불안감과 두려움이 아이를 압박했다.

아이 엄마는 시부모가 그런 말을 할 때마다 아이가 상처를 받을까 걱정이 됐다. 그런 불만을 남편에게 쏟아내다 보니 부부 간에 싸움이 생기기도 했다. 아이는 엄마 아빠가 다툴 때마다 무서웠을 것이고, 자기가 싸움의 원인이라는 죄책감에 시달렸을 것이다.

아이의 내면에는 부정적인 감정이 쌓여갔다. 어떻게 해야 할지 몰라 공격적인 말과 행동으로 감정을 표출한 것이다.

불안한 마음은
가시가 되고

그림책 『가시소년』(권자경 글/송하완 그림, 리틀시앤톡)에는 온몸에 가시가 돋아 있는 아이가 나온다. 표지를 보면 가시소년은 입을 크게 벌린 채 악을 쓰고 있는데, 고함을 치는 입 속에서도 가시가 튀어나와 주위 사람들을 공격한다. 소년의 입에서 쏟아지는 가시 때문에 사람들은 모두 놀란 표정이다. 어떤 아이는 주저앉아 울고, 어떤 아이는 소년에게서 도망치고 있다.

소년은 친구들에게 거친 말을 쏟아낸다. 속으로는 친하게 지내고 싶지만 마음과 달리 소리를 빽 지른다. 그리고 아무도 다가오지 못하도록 뾰족한 가시를 한껏 세운다. 가시소년의 가시는 계속해서 자라난다. 마음에 들지 않는 반찬이 나오거나 신호등이 바뀌기를 기다릴 때도, 부모님이 다툴 때도 가시는 더욱 길게 자라나 날카로워진다.

사실 가시소년에게만 가시가 있는 것은 아니다. 그림책 속에는 "누구에게나 가시는 있어"라는 말과 함께 버스를 기다리는 한 무리의 사람들이 나온다. 그들의 겉모습은 가시소년과 달리 평범해 보이지만 그들의 그림자에는 삐죽삐죽한 가시가 돋아 있다. 평화로운 표정을 짓거나 심지어 웃고 있는 사람들에게도 가시는 있다. 누구든 부정적인 감정을 가지고 있음을 나타내는 그림이다.

하지만 가시소년처럼 가시를 갑옷처럼 두르고 있는 사람은 없다. 가시소년은 가장 크고 날카로운 가시를 갖겠다며 친구들을 겁주지만, 그럴수록 점점 쓸쓸해진다. 마치 사막 속에 우뚝 솟아 있는 선인장처럼. 소년은 가시가 자기를 보호해준다고 믿지만, 가시는 소년을 고립시킬 뿐이다.

외로움에 사무친 소년은 결국 가시를 없애기로 결심한다. 가시를 뽑는 게 잘 되지 않아 치과에 가기도 한다. 마침내 가시 갑옷을 벗은 소년은 이전과 달리 활짝 웃는다.

아이의 마음을 미리 판단하지 말 것

이 책에서 가시는 소년의 불안한 감정이 시각화된 것이다. 소년의 가시가 커진다는 것은 곧 소년의 불안감이 커졌다는 뜻이다. 가시소년은 정말 공격적인 아이일까? 다른 사람들에게 함부로 행동하기 좋아하는 까칠한 아이일까? 그렇지 않다. 소년이 그토록 가시를 세웠던 이유는 오히려 무서웠기 때문이다. 상처받기 두려워 뾰족한 가시를 온몸에 두르고 자신을 방어했던 것이다.

아이가 갑자기 가시를 세울 때는 아이의 마음에 어떤 상처가 있는지 살펴봐야 한다. "애가 왜 갑자기 안 하던 짓을 하고 그래?"라고 말하기 전에 왜 그렇게밖에 표현하지 못할까 고민해야 한다. 아이가 어떤 말을 하고 싶은 것인지 관심을 가지고 귀를 기울여야 한다.

아이의 행동만 주목하지 말고 마음을 읽어줘야 한다고 말하면 많은 부모가 답답해한다.

"아이 마음을 어떻게 읽어야 할지 모르겠어요. 저한테 얘기해준 적도 없으면서 왜 자기가 원하는 걸 모르냐고 짜증만 내는걸요."

세상에 태어나 엄마라는 존재를 인식하고 나면 아이는 한동안 엄마를 한몸으로 여긴다. 정신분석학자 에릭 에릭슨은 그 시기를 '공생기'라고 명명했다. 그만큼 긴밀한 관계였기 때문에 아이는 막연히 '엄마는 나를 다 알거야'라고 생각한다. 그런 기대감이 있는 만큼 엄마가 자신의 마음을 몰라주면 더 화를 낸다. 당황하고 실망하기도 한다.

엄마 입장에서는 기가 막히다. 아무리 자식이라도 그 마음을 훤히 들여다볼 수는 없다. 하지만 아이의 마음에 무엇이 있는지 살피려는 노력은 반드시 필요하다. 무엇보다 아이의 감정을 미리 판단해서는 안 된다.

예를 들어 "아, 배고프다! 왜 아무것도 없지?"라고 하는 아이에게 "점심 먹은 지 얼마나 됐다고 벌써 배고프다고 난리야?"라고 쏘아붙이는 엄마가 있다고 해보자. 아이는 그저 뭔가 먹고 싶다는 말을 한 것일 뿐이다. 집에 먹을 것이 없다고 엄마를 비난하거나 허기를 참을 수 없다고 엄마를 닦달하는 것이 아니었다. 그런데 엄마가 제멋대로 아이의 마음을 판단하고, 그에 대해 힐난한 것이다. 이러면 아이는 점점 자기의 생각과 감정을 표현하지 못하게 된다. 외로움, 두려움, 원망, 서운함, 불안, 분노와 같은 부정적인 감정은 더욱더 드러내지 못한다.

더 사랑해달라는 소리 없는 외침

"아이는 지금 너무 힘들다고 얘기하고 있는 거예요."
나는 내담자 부부에게 이렇게 이야기했다.

동생이 생기면 사랑을 빼앗길지 모른다는 공포만으로도 충분히 힘든데, 자기 때문에 엄마아빠가 싸우고 할머니 할아버지와도 사이가 나빠진 것 같다고 생각하니 얼마나 혼란스러웠을까. 어른의 입장에서는 아이가 왜 그런 얼토당토않은 생각을 할까 싶지만, 아이들은 실제로 그렇게 느낄 수 있다. 상황을 전체적으로 파악하지 못하고 무엇이든 자기 위주로 생각하기 때문에 부모의 다툼도 자기 때문이라고 여기는 것이다.

그런 아이에게 "친구들에게 화내지 마! 사람들한테 친절하게 대해야지"라고 무조건 행동만 교정하려고 들면 근본적인 문제는 해결되지 않는다. "벌써부터 동생 질투하면 못써!"라는 식으로 감정 자체를 비난해서도 안 된다. 부정적인 감정은 '나쁜 것'이 아니라 '생길 수 있는 것'이라고 알려줘야 한다.

아이의 감정을 인정해준 뒤에 아이가 진심으로 바라는 것이 무엇인지 솔직하게 이야기하게끔 이끌어주는 것이 좋다.

"엄마 배 속에 있는 동생이 미웠어? 우리 00이 그동안 많이 서운했겠다."

아이의 감정을 인정하고 위로할 때, 아이는 감정을 공격적인 행동으로 표출하지 않고 솔직하게 털어놓게 된다.

책 속에서 가시소년은 스스로 가시를 없애기로 했다. 어떻게 그런 용기를 낼 수 있었을까? 그 이유는 활짝 웃으면서 하고픈 이야기가 있었기 때문이다. 가시를 없앤 가시소년은 친구들에게 "이 바보들아!" 하고 소리치는 대신 같이 놀자고, 너를 좋아한다고 말한다. "나를 안아주세요"라고도 한다.

가시를 세우고 있는 아이들이 진짜로 하고 싶은 말은 이것인지 모른다. 가시로 무장하고 있지만 그럼에도 자기를 포기하지 말고 다가와주기를 바라는 것이다. 가시를 없애고 싶은데 어떻게 해야 할지 모르겠으니 좀 도와달라고 요청하는 것이다. 가시 이면에 숨어 있는 것은 바로 그런 마음이다. 아이들은 그렇게 간절히 외치고 있다. 자기를 사랑해달라고.

🌱 **마음 성장 노트**

1. 나에게는 어떤 가시가 있나요?
   ....
   ....
   ....
   ....
   ....

2. 내 가시는 누구를 향하고 있나요?
   ....
   ....
   ....
   ....
   ....

3. 언제 내 몸에서 가시가 나오나요?
   ....
   ....
   ....
   ....
   ....

우리 아이는 왜 이리 예민할까요?

『비 오는 날의 소풍』

어린 시절 소풍날을 손꼽아 기다려본 기억이 누구에게나 있을 것이다. 부푼 마음을 안고 잠들었는데 아침에 일어나보니 비가 와서 소풍을 가지 못한 경험도 한 번쯤은 있을 것이다. 그럴 때의 실망감은 말로 다 할 수가 없다. 모처럼 여행을 계획했는데 비가 오면 어른이라도 기운이 빠지기 마련이다.

"아휴, 귀찮아. 하필 오늘 비가 올 게 뭐야."

투덜거리는 사이 설렘은 어느새 저만치 사라진다.

『비 오는 날의 소풍』(가브리엘 벵상 글/그림, 햇살과나무꾼 역, 황금여우)은 비가 와서 소풍을 가지 못할 상황에 처한 가족의 이야기다. 이 책의 지은이는 세계적으로 유명한 벨기에의 화가이자 삽화

가로, 본명은 모니크 마르탱이다. 아이들 책에는 가브리엘 뱅상이라는 필명을 사용하는데, 대표작으로 꼽을 만한 작품이 많지만 '에르네스트와 셀레스틴' 시리즈로도 널리 알려져 있다.

가브리엘 뱅상은 이 시리즈에서 우리가 보통 생각하는 가족이 아닌 새로운 가족의 형태를 보여준다. 덩치가 커다란 곰 아저씨 에르네스트와 꼬마 생쥐 셀레스틴은 혈연으로 이어진 사이가 아니고 닮은 점도 전혀 없지만, 서로를 아끼는 가족으로서 행복하게 살아간다.『비 오는 날의 소풍』은 '에르네스트와 셀레스틴' 시리즈 스물두 권 중 두 번째 책이다.

소풍을 가기로 한 전날, 에르네스트와 셀레스틴은 이런저런 준비를 하느라 바쁘다. 짐을 잔뜩 싸두고 잠이 든 다음 날 아침, 안타깝게도 비가 내린다. 비가 와서 소풍을 못 갈 것 같다는 아저씨의 말에 셀레스틴은 잔뜩 풀이 죽는다. '비'라는 돌발 상황 앞에서 대부분의 부모는 아이가 안쓰러워도 어쩔 수 없는 일이라고 생각할 것이다. 그런데 에르네스트는 힘이 빠진 셀레스틴을 보면서 고민 끝에 이렇게 이야기한다.

"우리, 비가 오지 않는다고 생각하는 거야."

그렇게 해서 둘은 예정대로 소풍을 떠난다. 비가 오지 않는다고 생각하기로 약속한 만큼 햇빛을 가릴 모자도 챙긴다. 주섬주섬 나갈 채비를 하는 에르네스트의 얼굴에는 여전히 걱정하는 빛이 가득하다. 우산을 쓰고 걸으면서도 다른 사람들이 이상하게 쳐다볼까봐 발걸음을 재촉한다. 지나가다가 만난 에르네스트의 친구는 이런 날씨에 어린아이를 데리고 나오면 어떡하느냐며 핀잔을 주기도 한다.

그러거나 말거나 셀레스틴은 소풍에 대한 기대감이 가득하다. 궂은 날씨에도, 사람들의 시선에도 아랑곳하지 않는 셀레스틴 덕분에 에르네스트도 곧 기분이 좋아진다.

둘은 적당한 자리에 돗자리를 펼치고 천막을 친 뒤 준비해 온 음식을 먹는다. 대강 마련한 장소지만 셀레스틴은 오두막이 멋지다고 외치며 신이 나서 어쩔 줄을 모른다. 하지만 곧 누군가 찾아와서는 화를 내며 자기 땅에서 뭐하는 거냐고 따진다. 에르네스트는 따지는 사람에게 정중하게 양해를 구한다. 셀레스틴은 그를 자신들의 오두막으로 초대한다. 다 함께 따뜻한 차를 마시며 이야기를 나누는 사이 어느덧 분위기는 화기애애하게 바뀐다.

부정적인 상황에
긍정적으로 대처하려면

이 책을 읽고 나면 에르네스트와 셀레스틴에게 가득한 따스한 기운이 내게도 전해져 오는 느낌이다. 소풍이 취소되고 말았다면 셀레스틴은 그 하루를 얼마나 울적하게 보냈을까? 오두막에 찾아와 화를 내는 이에게 에르네스트가 큰소리로 맞받아쳐서 싸움이 났다면 셀레스틴은 얼마나 두려웠을까?

셀레스틴은 잃어버릴 뻔한 하루를 즐거운 기억으로 남길 수 있게 되었다. 그런데 셀레스틴은 이날 추억보다 더 큰 것을 얻었다. 바로, 부정적인 상황에 긍정적으로 대처하는 자세이다.

자기 앞에 닥친 문제를 바라보는 태도는 아이의 삶에 있어 무엇보다 중요하다. 사는 동안 어떤 일이 닥쳐올지는 아무도 모른다. 불행은 누구에게나 일어날 수 있지만, 그것을 받아들이고 극복하는 힘은 저마다 다르다. 심리학에서는 이를 '심리적 탄력 회복성'이라고 부른다. 탄력이 강한 물질은 외부에서 어떤 힘을 가해도 금세 원래 모양으로 돌아온다. 이런 물질처럼 탄력 회복성이 강한 사람은 실패나 좌절을 경험해도 다시 건강한 마음을 되찾는다. 오히려 그런 경험을 통해 위기에 대처하는 능력을 키우며 점차 강인해진다. 사소한 일에도 무너지는 사람과 달리 스트레스를 잘 다룰 줄 알게 되는 셈이다.

"아이가 너무 예민해서 육아가 힘들어요"라고 말하는 부모들이 있다. 예민한 아이들은 다른 아이들에 비해 외부의 자극에 민감하다. 빛이나 소리, 맛과 같은 감각적인 자극 외에도 타인의 시선이나 주위 평가 등 아주 작은 것에도 영향을 받는다. 사람들은 그런 아이들을 '까다롭다'고 말한다.

"얘는 왜 이렇게 예민하지?"라는 물음은 '나는 예민하지 않다'라는 전제를 깔고 있다. 과연 그럴까? 아이가 예민해서 부모도 예민하게 아이를 챙길 수밖에 없는 것일까? 아니면 반대로 부모가 예민하기 때문에 아이 또한 예민해진 걸까? 예민한 기질은 타고나는 것이지만, 양육 환경에 따라 자라면서 예민한 기질이 심해지거나 반대로 덜해지기도 한다.

나에게는 두 아이가 있다. 첫아이는 딸이고, 둘째는 아들이다. 첫째를 낳고 나서 나는 참 많은 시행착오를 거치며 아이를 키웠다. 이 책의 서두에서 언급하기도 했지만, 잘 키우고자 하는 욕심이 지나쳐서 아이를 힘들게 하기도 했다. 그때의 경험과 깨달음 덕분인지 둘째는 비교적 수월하게 키울 수 있었다. 육아 스킬이 좋아졌다기보다는 아이를 대하는 내 마음이 달라졌다고 할 수 있을 것이다.

그래서일까? 딸은 굉장히 예민했고, 아들은 딸과 정반대였다. 딸은 사소한 것 하나하나에 지나치게 신경을 썼고, 불안감이 높았다. 아들은 자기 뜻대로 되지 않는 것이 있어도 마음에 두지 않았다. 딸의 멘탈이 유리공이라면 아들은 고무공이라고 할 수 있을 만큼 두 아이는 참 많이 달랐다. 기질의 차이가 아예 없다고 할 수는 없지만, 발달 단계에서 가장 중요한 시기에 엄마의 양육 태도가 완전히 달랐기 때문에 그로 인한 영향이 무엇보다 컸을 것이다.

아이가 예민한 데는
이유가 있다

미국의 정신과 의사인 보웬Murray Bowen은 가족치료의 선구자로 유명하다. 그는 수많은 환자를 상담하고 치료하며 심리적 장애가 결코 개인의 문제가 아님을 알게 되었다. 그래서 환자 본인뿐 아니라 그 가족에 대해 조사함으로써 심리적 장애의 원인을 찾아냈다. 치료 역시 환자 본인만을 대상으로 하지 않고 가족치료를 통해 문제를 해결해나가는 방식으로 진행했다.

예를 들어, 아이가 문제 행동을 보이면 아이만이 아니라 부모까지 상담하고, 부모에게 문제의 원인이 있다면 함께 치료하는 식이다. 실제로 어떤 개인이든 가족의 영향에서 자유로울 수는 없다. 아니, 지나치게 많은 영향을 받는다는 표현이 더 맞다. 따라서 개인의 심리를 다룰 때 가계도를 그리는 것은 무척 중요한 과정이다.

가족치료에서 가장 중요한 특징은 어떤 심리와 정서든 위에서 밑으로만 내려간다는 것이다. 즉, 부모에게서 자녀로 전수될 뿐, 자녀에게서 부모에게 전달되지 않는다. 아이들은 꼼짝없이 부모의 영향 아래 놓여 있는 셈이다.

나는 내 딸이 어떠한 상황에서든 예민하게 반응할 수밖에 없도록 모든 환경을 만들어두었다. 그래서 딸을 책망할 수가 없었다. 내 딸은 예민했던 게 아니다. 내가 예민한 정서를 주었던 것이다.

아이가 왜 이렇게 예민한지 모르겠다고 호소하는 부모는 자칫 아이의 예민함을 아이만의 문제로 여길 수 있다. 하지만 아이가 그렇게 될 수밖에 없는 환경을 조성하지는 않았는지 생각해봐야 한다. 먹는 것, 입는 것, 만지는 것 하나하나까지 신경 쓰는 과정에서 무심코 아이에게 실제보다 더 큰 공포심을 심어준 적은 없을까? 물론 부모는 아이가 더 건강하고 깨끗한 환경에서 자라도록 애쓴 것이겠지만, 그 결과 어떤 아이들은 학교 급식을 먹지 못하거나 세균이 너무 무서워서 계단 손잡이를 잡지 못하기도 한다.

아이는 부모의 말이 아니라 태도를 보면서 배운다

언젠가 이런 내 이야기에 항변하는 엄마를 만난 적이 있다.
"교수님, 저는 아이를 그렇게 키우지 않았어요. 아이가 저처럼 되는 게 싫어서요. 그런데 저랑 너무 똑같아요. 이런 것도 유전인가요?"

그 엄마는 아이에게 항상 "괜찮아"라고 말하며 최대한 많은 것을 허용했다고 한다. 본인이 강박적인 성향으로 힘겨웠기 때문에 아이만큼은 그러지 않았으면 하는 바람이었다. 그런데 아이는 규칙에 민감했고, 어떤 면에서는 약간의 강박 성향도 보였다. 엄마와 외출하고 돌아올 때면 자기 물통이나 수저를 잘 챙겨 왔는지 몇 번이나 반복해서 물어보고, 심지어 가방을 열어서 보여달라고 요구하기도 했다. 엄마는 평소 아이가 유치원에 지각을 하거나 물건을 잃어버리는 일이 있어도 혼내기는커녕 "그럴 수도 있지. 괜찮아"라고 반응했는데도 아이가 왜 이런지 모르겠다고 하소연했다.

　엄마들이 간과하는 사실이 하나 있다. 아이들은 엄마의 말을 곧이곧대로 믿지 않는다. 정확히 얘기하자면, 말만 가지고 판단하지 않는다. 엄마가 화난 표정으로 "나 지금 기분 좋아"라고 말하면 대부분의 아이들은 엄마가 화났다고 생각한다. 말보다는 표정을 믿는 것이다.

　아이들에게 가장 많은 영향을 미치는 것은 부모의 말이 아니라 부모의 평소 태도이다. 아이는 부모가 어떤 상황에서 어떻게 대처하는지 그 모습을 보고 겪으며 그대로 배운다. 이것을 심리학 용어로 '섭취'라고 한다.

　아이에게 늘 괜찮다고 말했다는 엄마는 아이에게만 그렇게 이야기했을 뿐, 본인은 전혀 그렇게 살지 않았다. 그 엄마는 정해진 일정이 어긋날까봐 항상 전전긍긍하고, 일이든 살림이든 마음에 들지 않는 부분이 있으면 어떻게 해서든 마음에 들게끔 해놔야 안심하는 사람이었다. 아이에게 "편안하게 살아도 괜찮아"라고 백날 이야기한들 무슨 소용이 있을까? 아이는 엄마의 태도를 보고 학습하고 있었던 것이다.

　아이가 변하길 원한다면 부모부터 변해야 한다. 말처럼 쉬운 일은 아니다. 몇 십 년 동안 형성된 정서가 금방 달라질 리는 없다. 나는 그 엄마에게 맞는 행동 지침을 제안했다. 지금 당장 달라지지는 못하더라도, 엄마가 조금씩 달라지고 있음을 아이에게 알려주는 것이다. 예를 들어, 실제로는 규칙을 어기지 않았어도 조금 어긴 것처럼, 그리고 그게 아무렇지 않은 것처럼 이야기하는 것이다.

"00이 유치원에 간 동안 엄마가 일을 좀 미뤄두고 놀다 왔어. 그러면 많이 걱정될 줄 알았는데, 아무렇지도 않더라?"

실제로 일을 미루지 않았더라도 아이에게 가끔은 이런 식으로 이야기할 필요가 있다. 그러다가 정말로 달라진 모습을 보여줄 수 있게 된다면 더욱 좋을 것이다.

아이가 예민한 것은 아이의 잘못이 아니다. 더군다나 예민한 것은 '잘못'이 아니다. 어떤 면에서 예민한 아이는 잠재력이 높다고 평가되기도 한다. 사실 어떤 성격이든 극단으로 치우치지 않는다면 장점과 단점을 모두 가지고 있는 그저 하나의 성향일 뿐이다.

우리가 주의해야 할 점은 아이의 성향을 전적으로 아이의 문제인 양 취급하지 않는 것이다. 타고난 기질과 성향을 있는 그대로 인정해 주는 것이 가장 좋다. 혹시 아이가 조금 변했으면 하는 모습이 있다면, 부모 자신이 아이에게 그런 모습을 보여야 한다. 아이가 행복해지길 바란다면 행복하게 사는 모습을 보여주면 된다. 비 오는 날, "비는 아무한테도 해를 끼치지 않아"라고 말하며 아이에게 멋진 추억을 선물해준 에르네스트처럼.

엄마를 한시도 떨어지지 않으려는 심리

『엄마 껌딱지』

우리는 살아가면서 '순리'라는 말을 참 많이 한다. 특히 나이가 많은 어르신들은 곧잘 순리를 따르라거나 순리대로 살라고 조언한다. 어떤 사람들은 이런 말을 들으면 그저 흘러가는 대로 살기보다는 자기 삶을 스스로 개척해야 하는 것이 아니냐고 반문한다. 나는 이것이 순리라는 말의 뜻을 오해한 결과라고 생각한다. 순리를 따르는 삶이란 노력하지 않고 되는 대로 사는 것이 아니라 모든 일이 자신이 생각하는 방향대로 움직이지는 않는다는 사실, 그리고 자신의 바람과 상관없이 받아들여야 하는 일이 있다는 사실을 아는 것이다.

아이를 키우는 데도 순리가 있다. 특별한 경우를 제외하고 대다수 아이들은 모두 비슷한 발달단계를 거치며 성장하기 때문이다. 엄마들은 아이가 단계를 거치며 자라는 동안 어떻게 대처해야 할지 몰라 당황스러워 한다. 혹은 머리로는 알고 있어도 막상 눈앞에 펼쳐지는 현실에 힘들어한다. 하지만 아이들 입장에서는 순리대로 크고 있는 것이다.

아이가 18개월 즈음 되면 많은 엄마들이 "힘들어 죽겠어요!" 하고 하소연을 한다. 아이들의 발달단계를 고려해보면 그럴 수밖에 없다. 이때가 바로 '재접근기'라고 하여 아이들도 나름 혼란을 겪고 있는 시기이기 때문이다.

재접근기는 마거릿 말러의 이론에 나오는 용어이다. 헝가리 출신의 의사이자 심리학자인 마거릿 말러는, 성공적인 발달이란 아이들이 안정되고 개별적인 자기만의 정체성을 획득하는 것이라고 이야기했다. 그녀에 따르면, 엄마의 일부였던 태아가 세상에 태어나 엄마와 서서히 분리되고, 타인이 가득한 세상 속에서 타인과 다른 '나'를 인식하는 과정이 바로 자연스러운 발달 과정이다. 마거릿 말러는 '대상관계이론'을 통해 이 과정을 여섯 단계로 나누어 설명했다.

1단계는 생후 2~3개월까지로, '정상적 자폐기'라고 한다. 이때는 자신과 타인을 구별하지 못한다. 이 시기에는 오직 졸리거나 배고픈 욕구에만 관심이 있다.

다음 단계인 '공생기'는 엄마를 인식하는 단계이다. 다만 이 시기의 아이는 자아 개념이 없기 때문에 엄마를 마치 자신과 동일한 존재인 것처럼 느낀다. 이 시기 아이에게는 자신과 엄마가 그야말로 '일심동체'이다.

생후 6개월이 되면 비로소 분리개별화가 시작되는데, 이때부터 아이는 말 그대로 자기가 엄마와는 다른 존재임을 깨달아간다. 말러는 이 시기를 다시 네 단계로 구분했다.

분리개별화의 첫 단계는 '부화기'로, 이 시기의 아이는 마치 알에서 깨어난 것처럼 주변의 사물과 사람에 관심을 가진다. 모빌이 움직이는 것을 유심히 보고, 장난감에서 나는 소리에 귀를 기울인다. 엄마의 얼굴을 만지거나 머리카락을 잡아당기며 자신과 다른 대상인 엄마를 탐색하기도 한다.

부화기를 지나 '연습기'에 다다르면 아이는 손과 발을 이용해 기고, 서고, 걸으며 엄마로부터 떨어져 행동한다. '내가 할 수 있어! 나는 잘할 수 있어!'라는 생각으로 몸을 움직이며, 자신의 성취에 기뻐한다. 엄마만 바라보던 어린 아기가 자율성을 가지고 세상에 나아가며 분리를 연습하는 시기라고 할 수 있다.

그 다음에 찾아오는 16~24개월이 엄마들을 떨게 만드는 '재접근기'다. 엄마로부터 떨어져 스스로 행동하는 자기 자신에게 고취되어 있던 아이는 이 시기에 갑자기 두려움을 느낀다. 자기가 무엇이든 할 수 있을 줄 알았는데, 세상에는 장애물이 많다는 사실을 깨닫게 되면서 자신의 능력에 실망하기도 하고, 포기하는 것이 생기기도 한다. 엄마에게서 떨어져 겁 없이 나아가던 연습기와 달리 다시 엄마에게 붙어 있으려 하고 분리불안을 느낀다.

이 시기 아이는 어느 정도 자율성을 가지고 있기 때문에 공생기와 달리 무조건 엄마를 따르지는 않는다. 엄마가 옆에 있어주길 바라면서도 한편으로는 분리되고자 하는 욕망이 있기 때문에 변덕을 부리고 떼를 쓰는 것이다. 쉽게 말해 "엄마, 가지 말고 여기 있어!" 하다가 금세 "엄마 미워, 저리 가!"라고 하니, 엄마 입장에서는 "도대체 얘가 왜 이러는 거죠?"라는 말이 절로 나온다. 엄마가 곧 자기 자신이었던 아이인데, 그런 과도기도 없이 순식간에 엄마와 분리될 수는 없지 않겠는가.

대상 항상성, 평생의 인간관계를 좌우한다

20개월 아이를 키운다는 한 엄마가 이런 말을 했다.

"아이가 엄마 껌딱지예요. 저도 할 일이 많은데, 온종일 제 다리를 붙잡고 따라다니면서 자기만 봐달라고 떼를 쓰니까 너무 힘들어요."

그림책 『엄마 껌딱지』(카롤 피브 글/도로테 드 몽프레 그림, 이주희 역, 한솔수북)를 보면 엄마와 한시도 떨어지려 하지 않는 아이가 등장한다. 엄마 치마에서 나는 엄마 냄새를 좋아하는 아이는 엄마

치마에서 살기로 한다. 아기 때처럼 엄마랑 항상 함께 있기 위해서이다.

각 장마다 나오는 치마 플랩을 넘기면 엄마의 치마 안에서 놀고 춤추고 수영하는 아이가 나온다. 아이는 자기를 '엄마 껌딱지'라고 놀리는 친구를 초대하기도 하지만, 여전히 엄마의 치마 밖으로 나가지는 않는다. 친구와 함께 노는 장소도 엄마의 치마 안이다.

그러던 어느 날, 아이는 문득 '밖으로 나가볼까?' 하고 생각한다. 그러고는 언제 엄마를 따라다녔냐는 듯이 친구와 함께 스스럼없이 엄마의 치마 밖으로 뛰어나간다.

『엄마 껌딱지』에는 엄마와 떨어지지 않으려고 했던 한 아이가 엄마 품을 떠나 다른 사람들과 교류하고, 사람들이 가득한 세상을 향해 나아가는 모습이 간결하면서도 귀엽게 표현되어 있다. 마지막 장에서 친구들과 신나게 놀던 아이는 자신을 데리러 온 엄마에게 이렇게 말한다.

"엄마, 벌써 왔어요?"

바야흐로 재접근기를 지나 엄마가 눈에 보이지 않아도 불안하지 않은 시기가 찾아오는 것이다. 아이가 한층 성장했다는 증거이기도 하다.

재접근기가 중요한 이유는, 이때 아이가 엄마와 어떤 관계를 맺느냐가 이후 만나는 타인과 관계를 형성하는 데 많은 영향을 미치기 때문이다. 이 시기의 아이는 엄마를 '좋은 엄마'와 '나쁜 엄마'로 나누어 생각한다. 잘해주면 나를 사랑하는 엄마이고, 화를 내면 나를 미워하는 엄마가 된다. 그 두 엄마가 같은 엄마라는 사실을 인지하지 못해 아이도 혼란을 느낀다. 엄마가 극단적인 모습을 자주 보일수록 혼란도 커진다. 아이의 심리적인 안정을 위해서는 가급적 크게 화를 내지 않는 것이 중요하다.

재접근기를 지나며 '좋은 엄마도 나쁜 엄마도 다 우리 엄마야.'라는 사실을 깨닫게 되면 '대상 항상성'이 생긴다. 대상 항상성이란 엄마가 눈앞에 있든 없든, 나의 욕구를 항상 충족해주든 그렇지 않든 같은 사람으로 인식하는 능력이다. 그래서 엄마와 떨어져 시간을 보내도 불안해하지 않는다. 때로는 엄마가 자신을 혼내기도 하지만 자신을 사랑한다고 믿는다.

대상 항상성이 제대로 형성되지 않으면 재접근기에 엄마에게 그러했듯 타인에게 지나치게 매달리거나 화를 내는 등 변덕을 부린다. 사람을 좋은 사람과 나쁜 사람 두 부류로 나누어 평가하기도 한다.

발달과정을 알면
조금 너그러워진다

엄마들에게 내가 하고 싶은 말은 발달과정에 따른 아이의 변화를 있는 그대로 이해하라는 것이다. 이렇게 이야기하면 어떤 엄마들은 무조건 아이의 비위를 맞춰주어야 한다고 생각한다. 여기에서 말하는 이해란, 아이의 사정을 헤아려주라는 뜻이다. TV 드라마에 나오는 악인마저도 그 사람이 그렇게 될 수밖에 없었던 배경이 나오면 안타까운 마음이 드는 것처럼, 아이의 사정을 알면 엄마의 마음도 한결 너그러워진다.

엄마에게서 떨어져야 하는 걸 알지만, 막상 떨어지면 불안해지는 아이의 혼란스러운 마음을 읽어보자. 계속 매달리는 아이 때문에 화장실에서 볼일조차 마음 편히 보지 못하고, 밥 한 끼 제대로 먹을 수 없는 엄마들의 고충을 나도 안다. 마음을 다스리려 해도 때때로 울컥 치밀어 오르는 화와 설움을, 나도 겪었다. 그때마다 아이를 보며 '나처럼 너도 지금 참 힘들구나' 하고 생각하면 속상한 마음이 조금쯤 나아진다.

안 떨어지려는 아이를 떼어놓을 때 기억해야 할 것

"그럼 아이 곁에 있어줄 수 없는 엄마는 어떻게 하나요?"

엄마 껌딱지인 아이를 곁에 둘 수 없는 엄마들은 이렇게 묻는다. 일하는 엄마는 아침마다 힘겹게 아이를 떼어놓고 출근한다. "만 3세까지가 특히 중요한 시기라는데 사정상 일을 그만둘 수는 없어요. 아이가 엄마를 가장 필요로 하는 시기에 함께 있어주지 못해 죄책감이 들어요." 이렇게 말하며 펑펑 우는 엄마를 만난 적이 있다.

　모든 엄마가 아이와 종일 함께할 수는 없다. 그렇게 할 수 없는 엄마를 나쁜 엄마라거나 부족한 엄마라고 비난해서는 안 된다. 직장에 다니지 않더라도 아이를 강압적으로 떨어뜨릴 수밖에 없는 사정이 생길 수 있다. 다만 그 사정과 상황을 아이에게 충분히 설명해줘야 한다.

　아이가 이해할 수 있을 만한 상황이 아니라고 해서 별다른 말도 없이 아이를 떨어뜨려둔다면 아이는 크게 상처받을 수 있다. 사랑하는 연인이 아무 말 없이 떠나버리면 남겨진 사람의 기분은 어떨까? 사랑하는 사람에게 버림받은 심정은 처참하다. 성인군자라도 그런 상황을 쉽게 납득하지는 못할 것이다. 하물며 아이는 어떠하겠는가.

　아이는 어리다. 그렇지만 어리다고 해서 아무것도 모르는 것은 아니다. 엄마를 붙잡는 아이를 떨어뜨려놓을 수밖에 없는 엄마가 할 수 있는 일은 딱 하나다. 그렇게밖에 할 수 없는 사정을 최대한 아이가 이해하기 쉽게 설명해주는 것이다. 그리고 아이를 사랑하는 마음을 진심을 다해 표현하는 것이다. 비록 아이가 그 말의 뜻을 전부 이해하지 못하더라도 엄마가 나를 위해 최선을 다했다는 태도만은 아이의 마음에 남는다.

　아이가 훌쩍 크고 나면 다른 고민이 찾아올 것이다.

"아이가 친구만 찾고 엄마한테는 관심도 없어요. 품 안의 자식이라지만 너무 멀어진 것 같아서 가끔은 서운해요."

이런 말을 하면서 서운해할 날이 금방 온다. 엄마가 이런 말을 한다는 것은 아이가 잘 자라고 있다는 뜻이기도 하다. 엄마만 졸졸 따라다니는 것도, 그러다가 어느 날 갑자기 엄마 품을 훌쩍 떠나 자기만의 세계를 만들어가는 것도 다 당연한 일이다.

아이는 엄마가 생각하는 대로 움직이지 않고, 그래서도 안 된다. 엄마와는 다른 개별적이고 독립적인 존재다.

이거 하나만 명심하자. 아이들은 순리대로 큰다. 그것을 받아들일 때 엄마도 한층 성장할 것이다.

마음 성장 노트

1. 아이 입장에서 엄마와 떨어지는 것이 얼마나 두려울지 생각해본 적 있나요?

---

2. 아이가 떨어지지 않으려고 할 때 내가 주로 하는 말은 무엇인가요?

---

3. 어떻게 하면 불안해하는 아이를 안심시킬 수 있을까요?

넌
왜 그렇게 주의가
산만하니?

『너 왜 울어?』

처음 엄마가 되고 가장 답답한 점은 아이가 하는 행동의 원인을 도무지 알 수가 없다는 것이다. 초보 부모를 쩔쩔 매게 만드는 상황은 한두 가지가 아니다. 배부르게 먹이고 기저귀도 갈아줬는데 1시간 동안 울기만 하는 갓난아기를 달래본 이들은 이렇게 이야기한다.

"어디가 불편한지 말이라도 해줬으면 좋겠어요."

아이가 말을 하게 되었다고 해서 아이의 마음을 알 수 있는 것도 아니다. 어린아이는 자신의 생각이나 감정을 말로는 다 표현하지 못한다. 자기 마음을 제대로 파악하기도 힘들다. 엄마 입장에서는 아이 본인조차 모르는 아이의 마음을 헤아려야 하기 때문에 여간 어려운 일이 아니다.

사람과 사람이 가까워지려면 노력이 필요하다. 가끔 부모들은 자신이 아이를 낳았다는 이유로 부모자식 사이에도 노력이 필요하다는 사실을 잊곤 한다. 상대의 마음을 이해하기 위해서는 상대 입장에서 생각해봐야 한다. 아이를 대할 때도 다르지 않다.

남들보다 조금 늦게 아이를 낳은 엄마가 체력이 달린다고 한탄했다. 그러면서 하는 말이 "저도 나이가 많지만 애도 너무 산만해요. 집 근처 슈퍼에 다녀오는 것도 보통 일이 아니에요"라고 덧붙였다. 나중에 보니 아이는 활발한 편이었지만, 유난히 산만하다고 할 만큼은 아니었다. 그 또래 아이들처럼 호기심이 많을 뿐이었다.

산만하다는 말의 의미는 무엇일까? 예를 들어, 성인이 되면 사회에서 요구받는 역할이라는 게 있다. 만일 성인인데 산만하다는 소리를 듣는다면 그 사람은 자신의 역할을 수행하는 데 어려움이 있다는 뜻이며, 어떤 상황에서는 그것이 큰 오점이 될 수도 있다. 그런데 아이라면 이야기가 달라진다. 물론 정도가 지나쳐서 치료를 받아야 하는 경우도 있지만, 그런 특수한 경우를 제외하고는 산만한 것이 아이들의 기본적인 특성이다.

쉽게 말해 아이는 다소 산만한 것이 자연스럽다. 오랜 시간 가만히 있으면 좀이 쑤시고, 집에만 있으면 밖에 나가고 싶고, 밖에 나가서 흙을 보면 만지고 싶고, 발 앞에 무언가 있으면 툭툭 차고 싶은 게 당연하다.

"애들이 다 그렇지" 하면서 위험하거나 다른 사람에게 피해가 가는 행동을 그냥 보아 넘기라는 말이 아니다. 잘못된 행동을 하면 왜 그렇게 행동하면 안 되는지 알려주고, 규칙을 정하고, 아이가 규칙을 어겼을 때 단호하게 대처하는 것이 훈육이다. 다짜고짜 "왜 가만히 있지를 못해!"라며 소리를 지르거나 "너는 대체 왜 그러니? 어휴, 유별나!" 하는 식으로 면박을 줄 필요는 없다. 아이로 인해 정신없고 화나고 지친 엄마 마음을 모르는 것은 아니지만, 아이에게 화를 내거나 이유를 따져 물을 일은 아니기 때문이다. 가만히 있지 못하는 아이가 유별난 게 아니라 가만히 있는 아이가 유별나다고 생각해야 한다.

아이는 지금 많은 것을 배우고 있는 중

하버드 대학의 심리학 교수 에릭 에릭슨은 '심리사회적 발달 이론'을 통해 인간의 성장 과정을 8단계로 구분하면서 인간의 자아가 사회와의 상호작용을 통해 일생 동안 지속적으로 성장한다고 이야기했다. 실제로 사람은 발달단계에 따라 수행해야 하는 과업이 있다. 기고, 몸을 뒤집고, 스스로 일어서고, 걷고 뛰는 등 신체적인 발달도 중요하지만 심리사회적 발달 또한 그에 못지않게 중요하다. 그것은 그저 주어지는 능력이 아니라 에릭슨의 말처럼 평생 갈고닦아야 하는 것이므로, 사람에 따라서는 신체적 발달보다 훨씬 획득하기 어려운 것이기도 하다.

유아기 아이들은 자신이 처음 만나는 세상을 보고 듣고 만지고 느끼길 원한다. 충분히 보고, 충분히 듣고, 충분히 만져보고, 충분히 느끼면서 지식과 정보를 얻는다. 그것이야말로 아이들이 세상과 소통하는 방식이다. 아이의 방식으로 세상과 충분히 소통하도록 시간과 공간을 제공해야 한다.

간혹 "우리 애는 종일 책만 봐요. 그게 제일 재밌대요"라며 내심 자랑스럽게 이야기하는 엄마들이 있는데, 나는 그런 아이야말로 조금 걱정이 된다. 책을 좋아하는 아이가 기특하기는 하지만, 책만으로는 얻을 수 없는 것들이 있다. 토마토가 자라는 과정을 책으로 아무리 읽는다 한들, 따스한 햇살을 받으며 익어가는 토마토를 만질 때 느껴지는 감촉을 알 수는 없다.

한때 "글로 배웠어요"라는 광고 카피가 유행한 적이 있다. 애교를 글로 배우고, 인간관계를 글로 배우는 건 아무 소용이 없다. 직접 경험하고 느껴봐야만 배울 수 있는 것이 너무나 많다. '산만한' 아이는 지금 많은 것을 배우고 있는 중이다.

해달라는 대로 다 해줬는데
왜 우냐고요?

내가 강의 중에 자주 소개하는 그림책 중 『너 왜 울어?』(바실리스 알렉사키스 글/장-마리 앙트낭 그림, 전성희 역, 북하우스)가 있다. 이 책을 보면 엄마가 아이에게 코트를 입고 장화를 찾아오라고 명령한다. 그리고 장화를 찾아오지 못하면 외출하지 않고 그냥 집에 있을 거라고 말한다. 아마 아이가 엄마에게 밖에 나가자고 조른 모양이다. 두 사람은 결국 외출을 하지만 엄마는 아이에게 '나는 너 때문에 억지로 나가는 것'임을 강조한다.

아이와 길을 걷는 내내 엄마의 명령은 계속된다. 떠들지 말고, 빨리 걷고, 바닥에 떨어진 건 줍지 말고, 모래에서 뒹굴지 말고…. 물론 엄마의 말에는 모두 이유가 있다. 목에 찬바람이 들어가면 감기에 걸리니까, 시간이 없으니까, 땅바닥엔 세균이 득실거리니까, 모래에서 놀다가는 다치거나 옷을 버릴 수 있으니까. 여기에 엄마는 "평생 네 옷이나 빨면서 살고 싶지 않다"는 말을 덧붙인다. 엄마의 말에서 느껴지는 것은 걱정이 아니라 짜증이다. 그리고 그 감정은 아이에게 고스란히 전해진다.

엄마는 말로 아이를 위협한다. 장화를 찾지 못하면 나갈 수 없고, 엄마 말을 잘 듣지 않으면 슈크림빵을 사줄 수 없고, 코트를 더럽히면 아빠에게 다 일러줄 거라고 말한다.

아이는 결국 눈물을 흘린다. 그러자 엄마가 묻는다.

"너 왜 울어?"

엄마는 그전에도 그랬듯이 아이가 왜 우는지 이해하지 못한다. 바라던 대로 놀이터에서 놀게 하고 슈크림빵도 사줬는데 웃어야지 왜 울고 있느냐는 거다. 하지만 그건 오로지 엄마 입장일 뿐이다.

아이의 속상한 마음을 알아주기는커녕 대체 우는 이유가 뭐냐고 묻는 엄마의 모습을 보며 나는 뜨끔했다. 많은 엄마들이 이 대목에서 생각이 많아지더라고 말한다. "얘가 사람 돌게 만드네"라는 엄마의 마지막 말은 아이의 가슴에 비수로 꽂혔을 것이다.

아이가 정말로 원하는 대로 한 것은 아무것도 없다. 무얼 하든 엄마에게 비난받았다. 아이는 격려를 받고 싶었을 것이다. 어쩌면 아이가 원한 것은 놀이터와 슈크림빵이 아니라 엄마와 함께하는 즐거운 시간이었을지도 모른다.

마지막 그림은 엄마의 치마 속에 서 있는 아이의 모습이다. 아이는 엄마의 치마에 그려진 줄무늬를 창살처럼 꼭 부여잡은 채 바깥을 내다보고 있다. 이는 엄마라는 존재가 아이에게 감옥이 되고 있음을 상징한 그림이다. 엄마라는 감옥 속에서 아이는 멍한 표정으로 마치 이런 생각을 하고 있는 듯하다. 엄마에게 나는 귀찮은 존재일까? 나는 엄마에게 잘못 온 아이일까? 이런 생각을 하면서 아이는 어린 나이에 자기 존재를 부정하게 된다.

자율성을 획득하려는 안간힘

『너 왜 울어?』에 등장하는 엄마의 특징은 자신의 아이를 대할 때와 달리 다른 사람들에게는 무척 예의 바르고 친절하다는 점이다. 실제로 성인에게는 그러지 못하면서 아이는 함부로 대하는 사람들이 있다. 다른 사람의 아이에게는 조심하면서 자기 아이에게는 함부로 하는 부모도 있다. 어른보다 약한 존재라서, 내 자식이라서 막 대하고 미안하게 생각하지 않는다. 어리고 가까운 존재라면 더 귀하게 대해야 하는데, 어찌 된 일인지 정반대로 행동한다.

앞서 언급한 에릭슨에 따르면 영아기의 심리사회적 발달과업(發達課業)은 외부 세계에 대한 신뢰감을 형성하는 것이다. 말도 하지 못하고 울기만 하는 갓난아기지만 엄마가 요구를 잘 알아차리고 젖을 물리거나 기저귀를 갈아주면 아기는 엄마를 신뢰하게 된다. 반대로 욕구를 채워주지 않으면 엄마를 불신한다. 가장 가까운 엄마를 신뢰하지 못하는 아이가 세상을 신뢰하기가 얼마나 어려울지는 굳이 설명하지 않아도 알 수 있을 것이다.

영아기를 지난 유아기 아이들은 자율성을 획득하려 한다. "내가! 내가!"라고 외치며 뭐든지 자기가 해보려고 하는 모습은 이 시기 아이들의 특징이다. 아이가 하고 싶어 하는 행동을 모두 허용할 수는 없지만, 이 시기 아이들에게는 위험하지 않은 선에서 스스로 해볼 수 있도록 이끌어주는 것이 좋다. 서툴다는 이유로 연습할 기회조차 주지 않는다면 그만큼 미성숙한 어른으로 자란다.

"뭐든지 자기가 하겠다고 난리를 쳐서 음식을 죄다 흘리고, 집 안을 엉망으로 만들고…. 저 정말 힘들어요."

엄마들이 이렇게 하소연할 때면 나는 이렇게 말해준다.

"아이는 지금 자율성을 획득하려고 안간힘을 쓰고 있어요. 집이 지저분한 것보다 아이가 의존적인 사람으로 자라는 게 더 힘든 일이잖아요."

왜 이렇게 고집을 부릴까, 왜 이렇게 산만할까, 왜 이렇게 답답할까…. 어른의 눈으로 아이를 바라보면 이해되지 않는 것투성이다. 하지만 '대체 왜 그럴까' 싶은 아이의 행동에도 사실은 다 이유가 있다.

『너 왜 울어?』를 처음 읽었을 때, 나는 책에 등장하는 아이의 상처받은 마음을 치유해주고 싶었다. 찬바람을 맞으면서도 쉴 새 없이 이야기할 때는 "엄마에게 하고 싶은 말이 많았구나"라고, 너무 느리게 걸을 때는 "엄마랑 나란히 걷기 놀이 해볼까?"라고, 모래놀이를 할 때는 "진짜 신나겠다!"라고 말해주었더라면 얼마나 좋았을까.

사람은 누구나 이해받고 싶어 한다. 아이들 역시 마찬가지다. 엄마가 아이를 이해하려 하지 않고 어른의 시선으로 아이의 행동을 판단하고 평가할 때 아이는 누구에게도 이해받지 못한다는 생각을 하게 된다. 어린 나이에는 주양육자가 세상의 전부나 다름 없기 때문이다.

    엄마가 나를 이해하지 못하는 것은 곧 세상이 나를 이해하지 못하는 것과 같다. 세상과 상호작용하며 심리사회적으로 발달해가야 하는 시기에 치명적인 일이 아닐 수 없다. 그러니 아이의 행동을 보면서 "너 왜 그래?" 하고 소리치는 대신, 아이가 세상과 소통하려는 노력을 기특하게 지켜봐주면 어떨까.

마음 성장 노트

1. 엄마가 짜증을 내는 동안 아이는 왜 울거나 화내지 않았을까요?

2. 엄마는 처음부터 짜증내는 사람이었을까요?

3. 아빠는 어떤 사람일지 생각해볼까요?

왜 우리 아이는
못된 짓만
골라서 할까요?

『에드와르도-세상에서 가장 못된 아이』

어느 꼬마가 바닥에 있던 물건을 발로 걷어찼다. 옆에 있던 어른은 꼬마에게 "세상에서 가장 버릇없는 녀석"이라며 야단을 쳤다. 꼬마는 점점 더 버릇없게 굴었다. 꼬마가 시끄럽게 떠들자, 또 다른 어른은 꼬마에게 "세상에서 가장 시끄러운 녀석"이라며 혼을 냈다. 그러자 꼬마는 더 시끄럽게 떠들어댔다.

어른들은 꼬마가 어린아이들을 못살게 굴면 세상에서 가장 심술궂은 아이라고, 동물을 괴롭히면 세상에서 가장 사나운 아이라고 말했다. 방을 어지럽힌 꼬마는 세상에서 가장 뒤죽박죽인 아이가 되었고, 몸을 깨끗이 씻지 않자 세상에서 가장 더러운 아이가 되었다.

아이가 나쁜 행동을 할 때마다 어른들은 아이에게 손가락질했다. 이상하게도, 아이는 어른들이 말한 그대로 점점 더 심술궂고, 사납고, 뒤죽박죽이고, 더러운 아이가 되어갔다. 결국 모두가 그 꼬마를 가리키며 한목소리로 외쳤다. "세상에서 제일가는 말썽쟁이로구나!"라고.

『에드와르도-세상에서 가장 못된 아이』(존 버닝햄 글/그림, 조세현 역, 비룡소)의 주인공 에드와르도의 이야기다. 에드와르도는 모두가 예상했던 것처럼 망나니로 자랐다. 에드와르도는 어느 날 평소처럼 길에 있던 화분을 발로 찼다. 화분은 흙 위에 떨어졌다. 그런데 곁에 있던 어른이 전혀 뜻밖의 말을 했다. 정말 예쁘다는 칭찬과 함께 다른 식물도 더 심어보라고 권한 것이다. 그 말을 들은 에드와르도는 정말로 식물을 기르기 시작했고, 그 일을 잘해냈다. 사람들이 에드와르도에게 앞다투어 정원 손질을 부탁할 만큼 멋지게 해냈다.

신기한 일은 계속 이어졌다. 개를 괴롭히려고 물을 끼얹었는데 개 주인에게 고맙다는 말을 듣는가 하면, 어린아이를 밀다가 우연히 목숨을 구하기도 했다. 에드와르도가 어떤 행동을 하건 어른들은 칭찬하고 격려했다. 에드와르도는 동물을 상냥하게 보살피고, 어린아이를 다정하게 돌봐주는 사람이 되었다. 어릴 적 어른들이 한 말대로 말썽쟁이가 되었던 것과 같이 이번에도 어른들이 한 말처럼 좋은 사람으로 변해간 것이다.

책의 마지막 페이지에서 사람들은 입을 모아 말한다. 에드와르도는 "세상에서 가장 사랑스러운 아이"라고.

평범했던 그 아이는
왜 못된 아이가 되었을까

『에드와르도-세상에서 가장 못된 아이』는 아이를 키우는 부모뿐 아니라 세상의 모든 어른들이 읽어야 할 책이다. 어른의 시선에 따라 아이가 어떻게 달라지는지를 명확하게 보여주는 책이기 때문이다.

에드와르도는 정말 못된 아이일까? 해답은 이 책의 첫 문장에 나와 있다. "에드와르도는 흔히 볼 수 있는 보통 꼬마야." 책에서는 분명하게 밝히고 있다. 에드와르가 평범한 아이라는 사실을 말이다.

에드와르도는 보통의 아이이기 때문에 보통의 아이들처럼 때때로 물건을 걷어차고, 떠들기도 하며, 다른 아이나 동물들에게 심술궂게 굴기도 한다. 정도의 차이는 있지만 어떤 아이나 할 수 있는 행동이다. 그런데 에드와르도에 대한 어른들의 평가는 단호하다. 에드와르도의 행동이 잘못되었다거나 고쳐야 한다고 말하지 않고 '버릇없는 아이', '사나운 아이', '더러운 아이'라고 판단해버린다.

이렇게 이름 붙이는 것을 명명법이라고 한다. 하나의 이름을 붙이는 순간, 그 이름은 아이의 뇌리에 박혀버린다. 한마디로 꼬리표가 달리는 것이다. 부정적인 꼬리표는 걷잡을 수 없는 결과로 이어진다. 꼬리표를 떼어내기가 무척 어렵기 때문이다.

'남의 말이 뭐 대수라고? 누가 날 어떻게 부르든 무시하면 되지' 하고 생각할 수도 있겠지만, 그건 어른의 입장일 뿐이다. 아이들은 그렇지 않다. 어린아이들은 어른들이 마음대로 붙인 꼬리표에서 자유로울 수 없다. 누군가가 "너는 이런 아이다!"라고 단정 짓는 순간, 아이는 '내가 그런 아이인가? 나는 그런 아이인가 보다' 하고 생각하게 된다. 아이에게 존재하는 무수한 가능성은 심연으로 가라앉아버리고 아이는 스스로를 단어 하나에 가둬버린다. 아이에게 붙인 꼬리표는 아이의 마음에 심은 씨앗과 같다. 어떤 씨앗이 뿌려지느냐에 따라 아이의 성장 과정이 달라진다. 아이에게 하는 말이 중요한 까닭이다.

사람을 변화시키는
한마디의 말

어린 시절 나는 파주의 한 마을에서 자랐다. 우리 동네는 판문점과 그리 멀지 않은 곳에 있었다. 파병 나온 미군들이 자주 드나드는 곳이기도 했는데, 동네 한쪽에 소위 '양공주'라고 불리는 사람들이 머무는 사창가가 있었기 때문이다. 동네 입구에서 우리 집까지 가려면 반드시 그 길을 거쳐야 했다. 어린 나는 그저 엄마가 시키는 대로 그 길을 빙 돌아서 집으로 가곤 했다.

초등학교에 입학한 뒤 한 친구와 친해졌다. 그 친구는 누가 봐도 착하고 예쁜 아이였다. 갓난아기 시절 사고로 안면기형 판정을 받았던 나는 당시 외모 콤플렉스가 심했다. 그런데 착하고 예쁜 친구가 나와 놀아주니 마냥 기뻤던 것 같다.

어느 날 수업이 끝난 뒤 그 친구가 나를 자기 집으로 데리고 갔다. 친구네 집은 사창가 근처에 있었다. 엄마가 꼭 돌아서 다니라고 했던, 그 동네였다. 그때는 몰랐지만 나중에 알고 보니 친구의 엄마는 성판매 여성들을 데리고 있는 포주였다. 내가 갔을 때 친구 엄마는 집에 없었다. 친구의 외삼촌이라는 사람이 나를 힐끗 보더니 이렇게 말했다.

"너도 나중에 올 데가 여기밖에 없겠구나. 이 짓이나 하고 살겠네."

그때는 그 말이 무슨 뜻인지 정확히 알지 못했다. 하지만 나를 무시하는 말이라는 사실만큼은 알 수 있었고, 웬일인지 몰라도 그 말이 머릿속에 깊이 박혔다.

점점 자라면서 나는 나를 둘러싼 세상에 대해 조금씩 알게 되었다. 우리 동네 한구석은 사회에서 말하는 '음지'에 해당하는 곳이라는 사실을 깨닫게 된 것이다. 친구 외삼촌이 했던 말 때문인지 나는 무얼 해도 이곳을 쉽게 벗어나지 못하리라는 생각을 하게 되었다. 아무리 노력해도 인정받을 수 없을 거라는 좌절감, 아무리 발버둥쳐도 양지에서 살 수는 없을 거라는 패배감이 들었다. 한 어른이 어린아이에게 던진 못된 말에 갇혀버렸던 것 같다.

그랬던 내가 변하기 시작한 것은 열두 살 때다. 그때 만난 담임선생님은 나에게 항상 이런 말씀을 해주셨다.

"영아야, 너는 꼭 잘될 거야. 똑똑하고 공부도 열심히 하니까, 충분히 잘할 수 있을 거야. 너는 그럴 수 있는 사람이야."

그 선생님은 찢어지게 가난한 집 딸인 내게 참고서를 챙겨주시며 공부를 포기하지 말라고 격려해주셨다. 자존감이 떨어질 대로 떨어져 있던 나를 '우리 영아'라고 불러주시던 그분 덕분에 나는 엄청난 힘을 얻었다. 그분의 말처럼 나에게도 가능성이 있음을 믿게 되었다. 나에 대한 한 사람의 믿음이 지금의 나를 있게 했다고 해도 과언이 아니다.

아이에게 꼬리표를 붙이지 말 것

말은 참 쉽게 나온다. 그래서 더욱 무섭다. 어른들은 무심코 말한다.

"이런 애를 어따 써?"

"애처럼 유별난 애는 또 없을 거야."

"쟤는 잘 크긴 글렀어. 될성부른 나무 떡잎부터 알아본다더니."

그런 눈으로 아이를 보면 정말로 그런 모습만 보인다. 꼬리표는 달리는 사람뿐 아니라 그것을 다는 사람에게도 영향을 미치기 때문이다.

말썽쟁이 에드와르도의 행동은 사실 그 이전과 별로 다를 바가 없었다. 그런데 그 행동에 대한 어른들의 반응은 180도 달랐다. 평범한 아이 에드와르도는 세상에서 가장 못된 아이가 되었다가 세상에서 가장 사랑스러운 아이가 되었다.

상담을 하다보면 성인이 되어서도 어린 시절 부모에게서 들었던 말에서 벗어나지 못한 채 괴로워하는 사람들을 자주 만난다. 언어폭력은 마음에 큰 상처를 남긴다. 마음에 남은 상처는 오랜 시간이 지나도 잘 아물지 않고, 때로는 대물림되기도 한다.

"엄마한테 험한 말을 듣는 게 너무 싫었는데 저도 모르게 아이에게 그런 말을 하고 있어요."

이렇게 말하며 괴로워하는 엄마를 만난 적이 있다. 그녀는 고운 말만 해야겠다고 생각하면서도 가끔은 마음과 다른 말이 나오기도 하고, 해서는 안 될 말이 튀어나오기도 한다며, 아이에 대한 죄책감에 펑펑 울었다. 자신도 겪었으니 아이의 아픔을 잘 알고 있을 터였다.

아이를 키우다 보면 그럴 수 있다며 위로할 수만은 없는 일이다. 나는 그 엄마에게 말을 연습하라는 숙제를 내주었다. '언어 습관'이라는 말이 있듯이 말이라는 것도 하나의 습관이다. 계속해서 의식적으로 훈련하지 않으면 고쳐지지 않는다.

또 한 가지, 혹시나 아이를 질책하더라도 아이에게 꼬리표를 붙여서는 안 된다고 당부했다. 긍정적이든 부정적이든 '너는 00한 아이다'라고 섣부르게 정의 내리는 말은 늘 조심해야 한다. 때로는 긍정적인 말도 아이에게 스트레스가 될 수 있기 때문이다. '착한 아이'라고 칭찬받는 아이는 어른의 기대에 어긋날까봐 자기 속내를 털어놓지 못하고 감정을 억압할 수 있다.

아이를 훈육할 때는 아이가 한 행동에 대해서만 지적해야 한다. 너는 게을러, 너는 참을성이 없어, 너는 머리가 좋아 … 이런 식으로 사람을 규정하는 말은 절대로 하지 말자. 이 말은 몇 번이고 강조하고 싶다.

어른의 말이, 그중에서도 부모의 말이 아이에게 얼마나 큰 영향을 미치는지 안다면 결코 아이에게 함부로 말을 던질 수 없을 것이다. 아이는 자기 자신을 파악하는 힘이 아직 부족하다. 누군가가 말해준 대로 판단하고, 누군가가 심어준 대로 생각한다. 부모는 아이를 행복한 사람으로 키우기 위해 갖은 애를 쓰지만, 어떻게 보면 한 아이의 인생을 행복으로 이끄는 데 필요한 것은 그저 부모의 따스하고 진심어린 말뿐인지도 모른다.

솔직하게
말하지 못하는
아이의 심정

『거북아, 뭐 하니?』

이 그림책을 보면 웃음이 나온다. 주인공 거북은 친구를 만나기 위해 바삐 걸어가다가 언덕 위에서 굴러떨어지는데, 그 바람에 몸이 뒤집히고 만다. 혼자서 몸을 다시 뒤집어보려고 버둥거리는 거북. 마침 지나가던 참새가 "거북아, 뭐해?" 하고 묻는다. 이어지는 거북의 대답이 걸작이다.

"보면 모르니? 수영 연습하고 있잖아."

뒤집어진 몸으로 팔다리를 휘적거리는 자신의 모습이 창피했을 거북의 임기응변이 우습기도 하고 귀엽기도 하다. 연기도 어찌나 잘하는지, 어린아이들에게 이 그림책을 읽어주면 천연덕스러운 거북의 표정을 보며 깔깔 웃는다.

그런데 책장을 넘길수록 슬슬 걱정이 된다. 거북은 지나가는 동물들에게 도움을 요청하지 않고 잔뜩 허세를 부린다. 토끼에게는 하늘을 보고 있다는 핑계를 대고, 멧돼지에게는 자기 등껍질 아래에 맛있는 것이 있으니 찾아보라고 거짓말을 한다. 멧돼지가 등껍질 아래로 코를 들이밀면 혹시나 몸이 뒤집히지 않을까 기대한 것이다.

심지어 힘센 악어를 일부러 놀리기까지 한다. 결국 악어는 거북에게 튼튼한 꼬리를 휘두르고, 거북은 공중으로 휙 날아간다. 성공했다며 기뻐하는 것도 잠시, 거북은 또다시 뒤집힌 채로 땅에 떨어져버린다.

거북이 쿵 떨어지는 소리에 무슨 일인가 싶어 나온 두더지가 도움의 손길을 내민다. 하지만 "도와줄까?"라고 묻는 두더지에게 거북은 오히려 볼멘소리를 한다.

"됐거든!"

맙소사! 친구의 호의마저 거절한 거북은 시간이 더 흐르고 나서야 아무도 없는 허공에 외친다. 도와달라고, 살려달라고 고래고래 소리치는 거북에게 누가 다가와줄까?

책에 등장하는 거북처럼 어려운 상황에 처해도 주위에 알리거나 도움을 요청하지 못하는 아이들이 있다. 어떤 엄마들은 이렇게 하소연한다.

"분명 무슨 일이 있었던 것 같은데 아무리 물어봐도 말을 안 해요. 얘기를 해야 위로를 해주든 도와주든 하지요. 정말 답답해 죽겠어요!"

말을 못하는 아이에게도 사실은 이유가 있다. 거북의 거짓말에도 나름의 이유가 있었던 것처럼. 참새에게는 부끄러워서, 토끼는 자기를 느림보라고 놀려댔던 친구여서, 원숭이는 수다쟁이라 친구들에게 소문을 낼까봐 걱정이 돼서….

비단 아이들만 그럴까? 나이를 먹을 만큼 먹은 어른들도 마찬가지다. 혹여 주위 사람들에게 무시당할까 봐 자존심을 세우기도 하고, 상대의 호의를 고맙게 받아들이지 못한 채 의도를 의심하기도 한다. 자신의 상황과 감정을 있는 그대로 이야기하고 도움을 요청하는 일은 누구에게나 쉽지 않다.

이쯤 되면 거북이 꼭 한심해 보이지만은 않는다. 누군들 타인에게 쉽게 손을 내밀 수 있을까? 이 책을 처음 펼 때와 달리 다 읽고 나서는 웃을 수가 없다. 거북의 모습이 아이뿐만 아니라 우리 모두의 심리를 반영하고 있기 때문일 것이다.

입 다문 아이,
불안한 엄마

몇 년 전에 한 엄마가 나를 찾아온 적이 있다. 어느 날 학교에서 돌아온 아이가 방문을 쾅 닫고 들어가 통 나오지 않더란다. 아이의 행동과 표정은 평소와 분명 달랐다. 아이의 엄마는 아이에게 무슨 일이 있다는 사실을 대번에 알아차렸다. 하지만 무슨 일이 있었느냐고 물어도 아이는 아무것도 아니라고만 말했다. 몇 번을 물어봐도 아이는 같은 대답을 했고, 나중에는 도리어 "아무 일 없다니까!" 하면서 화를 내기까지 했다. 아이의 반응에 엄마도 화가 나서 "왜 엄마한테 신경질을 부리고 난리야! 엄마가 그렇게 만만해?" 하면서 언성을 높였다. 이런 상황이 한동안 반복됐다.

아이엄마는 안절부절못했다. 아이가 말을 안 하니까 진짜 큰 문제가 있는 게 아닐까 걱정이 되기 시작했다. '학교에서 왕따를 당한 게 아닐까? 선생님께 크게 혼나기라도 한 걸까?' 생각이 꼬리에 꼬리를 물고 이어졌다. 급기야 '일진'이라는 녀석들에게 피해를 입었거나 큰 사고라도 친 건 아닐까, 하는 불길한 상상에 불안해서 견딜 수가 없는 지경이 되었다.

나는 아이를 만나 상담을 하다가 뜻밖의 이야기를 들었다. 그 아이 반에는 경미한 지적 장애를 가진 학생이 있는데, 몇몇이 그 친구를 놀리고 함부로 대했는가 보다. 그걸 보며 주위에 있던 많은 아이들이 웃었고, 자기도 엉겁결에 따라 웃었다고 한다. 그 일이 묵직한 돌덩이처럼 아이의 마음 한편에 가라앉아 있었던 것이다.

아이는 분명 알고 있었다. 친구를 놀리는 아이들의 행동도,

같이 웃은 자신의 행동도 옳지 않다는 것을. 그렇지만 아이는 친구를 놀리는 아이들에게 잘못된 점을 지적하지 못했고, 다 같이 웃는 분위기를 거부하지도 못했다. 방관자도 아니고 동조자가 되어버렸다는 생각에 아이는 괴로웠다. 그래서 집에 와서도 기분이 좋지 않았던 것이다.

"저도 잘못한 것 같아요. 같이 웃었잖아요. 왜 그랬는지 모르겠어요."

장애를 가진 친구에 대한 미안함, 놀리는 친구에게 아무 말도 하지 못하고 함께 웃으며 동조한 자신에 대한 실망감 등 복잡한 감정이 아이의 마음을 휘저었다. 그것만으로도 아이는 충분히 힘들었을 것이다. 이때 엄마가 아이를 닦달하면 일이 더 커진다. 엄마야 당연히 아이를 도와주려고 묻고 또 묻고 했지만 아이의 마음을 더 힘들게 한 꼴이 되고 말았다.

수치심이라는 위험한 감정

상담을 진행하면서 나는 그 아이가 열등감이 심하다는 사실을 알게 되었다. 사람들은 보통 '열등감'이라는 감정이 타인과의 비교를 통해 생긴다고 생각한다. 이것을 '대타적 열등감'이라고 한다. 그런데 타인과 상관없는 '대자적 열등감'이라는 것이 있다. 스스로 '이상적인 나의 모습'을 정해두고 '이상적인 나'보다 못한 '현실의 나'를 보면서 그 괴리에 힘들어하는 감정이 바로 대자적 열등감이다.

이상적인 모습을 목표로 스스로를 채찍질한다는 점에서 대자적 열등감은 긍정적인 기능을 하기도 한다. 하지만 대자적 열등감으로 인해 자괴감에 빠지는 경우도 있다. 특히, 대자적 열등감이 심한 사람은 수치심을 견디지 못한다. 청렴한 정치인일수록 자신의 실수에 더욱 민감하고, 그것이 알려지면 극단적인 선택을 하기도 하는데, 이 또한 대자적 열등감과 관련이 있다.

그 아이는 그때껏 자기가 보아온 만화와 영화 속 주인공처럼 정의로운 사람이 옳다고 믿었다. 그러나 그날 자신의 행동은 스스로가 보기에도 비겁했다. 아이는 자신의 행위에 죄책감을 느꼈고, 이는 곧 수치심이라는 감정으로 이어졌다.

미국의 심리학자 브레네 브라운Brene Brown은 죄책감과 수치심의 차이에 대해 이렇게 설명한다. 죄책감이 '행위'에 관한 것이라면 수치심은 '자신'을 향한 것이며, 따라서 수치심이란 스스로를 손가락질하는 위험한 감정이라는 것이다.

수치심을 느끼는 사람은 누군가에게 자기 이야기를 털어놓으면 비난받을 것이라는 생각에 사로잡히고, 이로 인해 마음을 솔직하게 털어놓지 못한다. 그 아이가 엄마에게 자신의 행동에 대해 말하지 못한 이유도 여기에 있다.

아이는 비겁한 태도를 취한 자기 자신을 용납할 수 없었고, 스스로에게 화가 났다. 내 행동이 부끄러운데, 이런 나를 들키고 싶지 않은데, 그래서 그냥 모르는 척 좀 해줬으면 좋겠는데, 엄마는 계속 무슨 일이냐고 물어본 것이다. 아이에게는 내 마음이 왜 불편한지 파악하고 혼란스러운 마음을 정돈할 시간이 필요했다.

부모가 할 수 있는 일이란 기다려주는 것

아이가 입을 닫으면 엄마 입장에서는 어리둥절하고 당황스러울 수밖에 없다. 어떤 엄마는 아이의 문제를 얼른 알아내서 해결해야 한다는 생각에 조바심을 낸다. "왜 그래? 무슨 일이야? 엄마한테 얼른 말해봐!" 하는 식으로 아이를 볶는다.

학교 안팎을 가리지 않고 연일 험한 사건사고가 터지는 세상이니 엄마들의 걱정은 한편으로 당연하다. 다만 걱정된다는 이유로 아이에게 집요하게 질문을 하면 아이는 정말 하고 싶은 이야기 대신 거짓말을 한다. 책 속의 거북이 창피함을 감추기 위해 엉뚱한 말로 둘러댄 것처럼 말이다. 엄마의 안달하는 마음이 아이를 그렇게 몰아간다.

게다가 아이들은 어른에 비해 자신이 처한 상황을 해석하는 데 서툴다. 자신의 감정이 어떤지 모를 때도 많다. 상황과 감정을 잘 알고 있어도 표현하기가 어려운데, 그걸 파악하지 못하니 무슨 말을 어떻게 해야 할지조차 모르는 경우도 있다. 좀 더 자란 아이들의 경우에는 부모가 지나치게 걱정할까봐 말을 못 하기도 한다.

어느 쪽이든 아이에게는 이것저것 뒤섞여 끓어오른 감정이 어느 정도 가라앉을 만한 여유가 필요하다. 그러므로 부모가 해야 하는 일은 한 가지뿐이다. 아이가 가슴속에 얹혀 있는 감정을 꼭꼭 씹어 충분히 소화시킬 때까지 기다려주는 것이다.

독심술이 아니라 인내심이 필요하다

『거북아, 뭐 하니?』(최덕규, 푸른숲주니어)에서 거북은 결국 두더지의 도움을 받는다. 그러고 나서 너무 창피한 나머지 두더지에게 고맙다는 인사도 하지 않고 황급히 집으로 돌아간다.

이 책을 읽은 엄마들은 아이가 거북과 달리 자신의 감정을 솔직하게 말하면 좋겠다고 이야기한다. 적어도 도움이 필요할 때는 "나 좀 도와줄래?"라고 말할 수 있는 아이, 도움을 받은 뒤에는 "고마워"라고 말할 수 있는 아이로 자라기를 원하고, 또 기대한다. 그러기 위해서는 아이가 그렇게 성장할 수 있도록 도와야 한다.

아이가 자기 이야기를 하지 못할 때는 "왜 솔직하지 못하니?" 하고 다그치는 대신 무엇이 아이의 말을 가로막고 있는지 살펴보자. 자존심이 상해서, 엄마가 화낼까봐, 엄마에게 말하는 게 나약하거나 치사한 일 같아서…. 이유는 무궁무진하다. 아이가 그런 심정마저 털어놓을 수 있을 때, 엄마는 물론 아이도 편안해진다.

감정을 표현하는 건 창피한 게 아니라 꼭 필요한 일이다. 하지만 이것을 강요하고 종용할 때, 아이는 반대로 입을 닫는다는 사실을 기억해야 한다. 아이의 마음을 여는 가장 좋은 방법은 묵묵히 아이 곁에 있어주는 것, 엄마가 항상 곁에서 지지하고 있다는 사실을 알려주는 것이다. 무슨 일이 일어난 뒤가 아니라, 아무 일이 없을 때에도.

"속상한 일이 있나 보구나. 언제든지 이야기하고 싶을 때 엄마에게 이야기해줘. 엄마는 항상 네 편이니까."

아이가 속마음을 이야기하지 않을 때는 이렇게 말해보자. 들을 자세가 되어 있는 엄마에게 아이는 속마음을 털어놓는다.

만일 아이가 마음을 열고 다가온다면 우선 들어주길 바란다. 비판이나 조언은 잠시 미뤄두고 아이가 쏟아놓는 말을 전부 듣는 것이다. 말없이 자신의 이야기를 들어주고 가만히 손을 내밀어주는 사람에게 아이는 큰 위안을 얻는다. 다 큰 어른도 그러하지 않은가.

엄마들은 항상 아이의 마음을 알고 싶어 한다. 대체 무슨 생각을 하는지 궁금하다고, 그 속을 훤히 좀 들여다봤으면 좋겠다고 말하는 사람도 있다. 그러나 아이의 마음을 읽기 위해 필요한 것은 독심술이 아니라 인내심이다. 엄마가 자신을 믿고 기다려줄 때, 아이는 비로소 솔직하게 자기 이야기를 할 수 있다.

자기만 아는 아이,
내가 잘못 키운 걸까요?

『넌 정말 멋져』

마트에 가면 심하게 떼를 쓰는 아이들을 만나곤 한다. 원하는 장난감을 얻기 위해 바닥에 드러누워 울고불고하는 녀석들도 있다. 옆에 선 엄마는 안절부절못한다. 아이를 달래는 엄마도 있고, 참다못해 등짝을 철썩 때리는 엄마도 있다.

이럴 때 엄마들은 머리가 멍해진다. 아이가 떼를 쓰는 것도 난감한데, 지나가는 사람들의 시선도 곱지 않다. 대놓고 끌끌 혀를 차는 사람이라도 있으면 창피해서 땅속으로 꺼져버리고 싶어진다. 때로는 아이보다도 타인의 눈총이 엄마를 더욱 힘들게 한다. '애를 왜 저렇게 키웠어?'라고 질책하는 듯한 눈길에 신경 쓰다 보면 평소 지키던 훈육의 원칙 같은 것은 어느새 잊어버리고 만다. '애가 지금 여러 사람 앞에서 나를 망신 주고 있구나.'라는 생각에 화가 솟구친다.

"저희 아이는 왜 이렇게 막무가내일까요?"

많은 엄마들이 이렇게 말한다. 다른 집 아이들은 얌전하고 엄마랑 타협도 잘하고 규칙도 지킬 줄 아는데, 심지어 밥도 잘 먹고 잠도 잘 자던데, 왜 자기 아이만 이런지 모르겠다고 하소연한다. 이 고민은 항상 자책으로 끝난다.

"제가 잘못 키운 걸까요…?"

장담하건대, 다른 집 아이라고 해서 365일 의젓한 것은 아니다. 내 아이만 문제인 것 같다는, 나만 아이를 제대로 못 키우고 있는 것 같다는 생각을 할 필요는 없다. 물론 아이가 나쁜 습관을 가지고 있을 수는 있다. 그렇다면 시간과 노력을 들여 바로잡아주면 된다. 아이에게 문제가 있다거나 내가 잘못 키웠다는 조급한 판단은 엄마의 마음을 좀먹을 뿐이다.

마트에서 아이가 떼를 쓸 때도 당장 문제를 해결하려 하면 안 된다. 엉엉 울고 있는 아이와는 타협이 거의 불가능하다. 감정이 극에 달한 순간에는 성인도 이성적인 사고를 하기 어려운 법이다. 주위 사람들의 눈총에서 얼른 벗어나기 위해 "빨리 일어나!" 하면서 아이를 야단치며 질질 끌고 가서도 안 된다.

이런 경우 아이의 마음에 집중하면 난감한 상황에서 더 빨리 벗어날 수 있다. 바닥을 뒹굴며 악을 쓰는 아이에게 "우리 ㅇㅇ이가 이 장난감이 정말 갖고 싶구나." 하고 차분하게 타이르라는 뜻이 아니다. 나는 엄마들에게 차라리 그 물건을 카트에 넣고 장을 계속 보라고 권한다. 시간이 지나 아이가 좀 진정이 되면 정말 그 물건을 원하는지, 그걸 꼭 오늘 사야 하는지 이야기해볼 수 있다. 장을 보는 동안 그 물건에 대한 관심이 뚝 떨어지는 경우도 있다.

떼쓰는 아이를 대하는 법

인지심리학을 공부한 김경일 교수는 한 강연에서 이런 이야기를 한 적이 있다. 딸과 함께 놀이동산에 갔는데, 다른 아이들이 다 풍선을 들고 있으니 딸도 풍선을 사달라고 조르더란다. 딸은 풍선을 그리 좋아하지도 않았다. 그런데 자기만 풍선을 안 가지고 있는 게 불안했던 것이다.

부모 입장에서 생각하면 놀이동산에서 큰 풍선은 필요가 없다. 놀이기구를 타며 놀아야 하니까. 하지만 무조건 안 된다고만 하면 아이는 떼를 쓸 수밖에 없다. 이때 '얘는 왜 이렇게 땡깡을 부리지?'라고 생각하기 십상이다. 대신에 '주변 아이들이 다들 가지고 있으니 우리 아이도 갖고 싶어졌구나.' 하고 아이 마음을 읽어주면 불편하고 속상했던 마음이 덜어진다. 더불어 이성적인 판단과 빠른 실행이 가능해진다. 그곳에서 아이와 실랑이를 하는 대신

빠르게 장소를 옮기는 것이다. 풍선을 안 가진 아이들이 많은 곳으로. 모든 아이들이 풍선을 들고 있는 그 장소만 벗어나면 아이는 '나도 풍선을 가져야 한다'는 생각을 버리게 된다.

많은 엄마들이 '지금 여기서' 승부를 내려 한다. 그래서는 역효과만 난다. 아이의 관심사나 욕구는 생각보다 금방 바뀐다. 엄마는 아이에게 "떼쓰면 무조건 혼나!"가 아니라 "너에게 정말 중요한 것이라면 이런 식으로 하지 않아도 사줄 수 있어."라는 점을 전달해야 한다. 그러면 아이가 그저 혼날까봐 떼를 안 쓰는 게 아니라 떼쓰기가 효과적이지 않다는 사실을 납득하게 된다.

아이가 자기밖에 몰라서 걱정이라는 분들에게 나는 이렇게 이야기한다.

"아이들은 본래 그래요."

물론 타인을 전혀 배려하지 않는 이기적인 사람으로 자라서는 안 되겠지만, 발달 과정상 어린아이들은 원래 자기만 안다. 자기 감정에 충실하고, 세상을 자기중심적으로 바라본다. 그러다가 점차 시야가 넓어진다. 적당한 때가 되면 다른 사람과 관계를 맺으며 조금씩 사회화가 이루어진다. 자신과 타인의 욕구를 적절히 조정하며 원만하게 살아가는 방법을 배우게 되는 것이다. 이는 자연스러운 과정이지만 결코 물 흐르듯 순탄하지만은 않다. 아이는 당연히 시행착오도 겪고, 때로는 퇴행을 보이기도 한다.

그래서일까? 아이를 유치원에 보내기 시작하면서 많은 엄마들이 새로운 걱정과 고민에 휩싸인다. 이전까지는 먹이고 입히고 씻기고 재우는 것이 전부였다면, 이제 '사회성'이라는 까다로운 문제가 엄마들의 마음을 무겁게 짓누른다. 학원 일정을 짜고 공부 계획을 일일이 세워주는 엄마도 이것만큼은 대신해줄 수 없다.

어떤 엄마들은 아이에게 도움이 될 만한 내용을 미리 주입하기도 한다. 어찌 보면 선행학습이라고 할 수도 있겠지만, 사실 이런 것은 아이가 직접 부딪치면서 배워가야 한다. 좋아하는 친구가 생기고 타인의 중요성을 느끼게 되면 자기중심적인 부분은 조금씩 다듬어진다.

자기밖에 모르던 공룡이
조금씩 달라지는 이야기

그림책 『넌 정말 멋져』(미야니시 타츠야 지음, 허경실 역, 달리)에는 자기밖에 모르는 공룡 티라노사우루스가 나온다. 티라노사우루스에게는 친구가 없다. 항상 다른 공룡들을 못살게 굴기 때문에 아무도 티라노사우루스를 좋아하지 않는다. 티라노사우루스 또한 친구들을 괴롭힐 생각만 한다.

어느 날, 티라노사우루스는 자기보다 훨씬 작은 스티라코사우루스 여러 마리를 벼랑 끝으로 몰고 가다가 자기가 바다에 빠지고 만다. 허우적거리며 도와달라고 외치지만 아무도 오지 않고, 티라노사우루스는 자신이 나쁜 짓만 해서 죽는 거라고 생각한다.

그때 물에서 사는 공룡 엘라스모사우루스가 나타나 점점 가라앉는 티라노사우루스를 구해준다. 티라노사우루스가 어째서 나를 구했냐고 묻자 "네가 '제발 아무나 도와줘'라고 말했잖아."라고 대답하며 미소 짓는 엘라스모사우루스. 티라노사우루스는 그 미소를 보며 난생 처음으로 고맙다는 말을 한다.

난폭한 공룡들 때문에 상처를 입는다는 엘라스모사우루스의 이야기를 듣고, 티라노사우루스는 거짓말을 한다. 자신이 육식공룡임을 숨기고 엘라스모사우루스처럼 빨간 열매를 먹으며 산다고 이야기한 것이다. 단짝친구가 된 둘은 매일 만나서 즐거운 시간을 가진다. 그러는 사이 티라노사우루스는 조금씩 달라진다. 친구를 배려하고, 공감할 줄도 알게 되며, 목숨을 걸고 친구를 구하기도 한다. 다른 친구들도 더 이상 괴롭히지 않는다.

티라노사우루스는 여느 때처럼 빨간 열매를 잔뜩 따서 바닷가로 간다. 그런데 그날따라 엘라스모사우루스가 보이지 않는다. 겨우 나타난 엘라스모사우루스는 힘센 공룡들의 공격을 받아 심한 상처를 입은 채 죽어가고 있었다.

"눈 좀 떠봐! 나에겐 하나밖에 없는 친구잖아. 너랑 같이 빨간 열매를 먹고 싶단 말이야."

티라노사우루스는 사실은 자신이 못되기로 유명한 공룡이라고 고백한다. 친구의 고백을 들은 엘라스모사우루스는 티라노사우루스가 친절하고 상냥한 친구라며 이렇게 말한다.

"넌 정말 멋져."

『넌 정말 멋져』는 일본의 유명한 동화작가 미야니시 타츠야의 작품으로, '고 녀석 맛있겠다' 시리즈 중 세 번째 책이다.

주인공 티라노사우루스는 원래 육식 공룡이다. 날카로운 발톱과 이빨로 다른 공룡들을 공격해서 잡아먹고 산다. 따라서 난폭한 성향은 티라노사우루스의 본성이라고 할 수 있다. 책 속의 주인공은 자신의 본성을 특히 즐기는 녀석이다. 하지만 친구를 만나 사귀는 과정에서 전혀 다른 모습을 보여준다.

다섯 살에게 열 살의 모습을 바라지 말 것

"우리 아이는 어리지만 정말 속이 깊어요. 너무 의젓해서 어른 같아요."

자랑하듯 이런 말을 하는 엄마들을 만나면, 나는 조금 슬퍼진다. 속 깊고 의젓한 게 나쁜 것은 아니다. 그런데 어른들에게 그런 칭찬을 듣는 아이들을 상담할 때마다 아이의 전혀 다른 속내를 본다. 그 속 깊고 의젓한 아이들이 내 앞에서는 아기처럼 운다. 내가 대단한 이야기를 해서가 아니다. 그저 "부모님이 네 마음을 몰라줘서 참 속상하겠다."라는 말에 눈물을 펑펑 쏟는다.

아이는 아이일 뿐이다. 때로는 이기적으로 굴고 싶고, 때로는 땡깡도 부리고 싶다. 그런데 '의젓하다'는 칭찬을 자꾸만 듣다 보면 아이는 의젓하게 행동하지 않으면 존재를 인정받을 수 없다고 생각하게 된다. 그러는 동안 자기 감정은 억눌러버린다.

나는 부모들에게 항상 이야기한다.

"다섯 살에게 열 살의 모습을 바라지 마세요."

자기중심적이고, 다듬어지지 않고, 가끔 말도 안 되는 떼를 쓰는 아이에게는 아무 문제가 없다. 아이답게 잘 자라고 있는 중이다. 우리 아이만 이러는 게 아닐까, 노심초사하지 않아도 된다. 다만 부모는 최소한의 원칙을 정하면 된다. 다른 사람에게 피해를 주는 행동, 자기 자신을 다치게 하는 행동만은 절대 허락하지 않는다는 규칙을 정하고, 그 외에는 아이가 스스로 경험하며 깨달아가도록 하는 게 좋다.

아이는 자라면서 친구를 비롯해 다양한 사람들과 만나 어울리게 된다. 때로는 상처받고, 때로는 상처를 줄 것이다. 그러나 인간관계에 괴로움만 있는 것은 아니다. 소중한 친구가 생기고 우정의 가치를 깨닫게 되면서 변화한 티라노사우루스처럼, 우리 아이들 또한 타인과 관계를 맺고 함께하는 기쁨을 알아갈 것이다.

그러는 동안 부모가 할 수 있는 일은 위로와 응원이다. 아이에게 부모의 기준에 맞는 친구를 붙여주거나 친구관계에서 생기는 모든 일을 일일이 나서서 해결해주려 하지 말자. 대신 아이의 말에 귀를 기울이자. 사람 사이에는 언제든 갈등이 일어날 수 있고, 그것이 아이의 잘못이 아니라는 것을 알려주자. 함께 해결 방법을 고민하고, 아이가 스스로 해결하는 모습을 지켜봐주자.

나를 깊이 사랑하고 믿어주는 단 한 사람의 존재가 인생에서 얼마나 큰 선물인지, 성인이 된 우리는 알고 있다. 부모가 멀찍이 서 든든하게 지켜봐주고 지지하는 아이는 세상이라는 바다에 기꺼이 나아간다. 쉼 없이 밀려오는 크고 작은 파도를 맞으면서도 떠내려가지 않는다. 파도는 바닷가의 돌을 조금씩 갈고 닦는다. 우리 아이들의 뾰족하고 울퉁불퉁했던 마음도 그렇게 조금씩 다듬어져 매끈하게 빛날 것이다.

왜 책을
안 좋아할까요?
『책 먹는 여우』

2년 전쯤 일이다. 인터넷 카페에서 한 엄마의 글을 보고 적잖이 놀랐다. 일명 '책육아'를 실천하고 있다는 그 엄마는 아직 서너 살에 불과한 아이를 위해 수천 권의 책을 구입했다고 한다. 그녀는 아이가 장난감도 마다하고 오직 책만 읽으려고 한다면서 무척 자랑스러워하는 듯했다. 베이비페어나 공동구매 같은 기회를 이용해 어떤 책을 얼마나 구입했는지 기록한 글에는 많은 댓글이 달려 있었다.

아이가 좋은 책을 많이 접하고 책을 통해 마음의 근육을 기를 수 있도록 도와주는 일이 나쁠 리 없다. 책육아의 본래 의미 또한 그와 다르지 않다. 책 속에는 무한한 세상이 있다. 책을 가까이 하는 사람은 세상을 살아가는 데 필요한 넓은 시야와 깊은 식견을 얻게 된다. 나는 누구보다 책의 힘을 믿는 사람이다. '독서 치유'를 중심으로 상담과 강연을 진행하는 이유도 여기에 있다.

그런데 조금 다른 목적을 가지고 책육아를 실천하는 부모를 만날 때가 있다. 아이에게 열심히 책을 읽혀 '공부 잘하는 아이'를 만들고 싶다는 바람을 가진 이들이다. 아이가 어릴 때는 책을 많이 읽는다고 좋아하던 엄마들이 중고생이 되면 '책 그만 읽고 공부하라'고 말한다. 교육이란 곧 좋은 대학을 보내기 위한 것이라고 여기는 이 나라에서, 독서 또한 좋은 성적을 위한 수단으로 전락하기 쉽다.

분명한 목표를 갖고 책을 읽히는 부모가 아니더라도, 아이에게서 어떤 조짐(?)이 보이면 어느덧 조금씩 욕심이 생긴다.

"한 달 전부터 영어로 된 그림책을 읽어줬더니 오늘 아침에 아이가 '굿모닝! 하우아유?'라고 하는 거 있죠? 영어로 물어보면 대답도 제법 해요."

힘들게 책을 읽어준 보람이 있다며 어깨춤을 추던 그 엄마는 두어 달 후 이런 말을 했다.

"이때쯤 유아 과학 전집을 들이는 게 좋다고 해서 큰맘 먹고 샀는데, 저희 아이에게는 아직 이른가 봐요. 몇 번이나 읽었는데도 내용도 잘 모르고, 독후활동에도 별 반응이 없어요. 과학에는 소질이 없는 것 같아요."

아이는 순식간에 영어 영재가 되었다가, 다시 과학 둔재가 되었다. 그 엄마가 경솔하거나 어리석어서 그런 것이 아니다. 처음에는 그저 아이와 책을 읽으며 이야기를 나누고 교감하는 시간이 좋아서 책육아를 시작했던 엄마다. 그런데 아이가 생각보다 너무 잘 따라주다 보니 어느새 엄마의 마음도 달라졌던가 보다.

아웃풋이 나오면 욕심이 생기는 게 보통의 부모 마음이다. 더 좋은 책을 더 많이 읽혀야겠다는 생각에 좋다는 전집을 수소문해서 구입한다. 집 안에 책이 쌓이니 그걸 아이에게 얼른 읽혀서 결과를 확인하고 싶다는 바람과 압박감이 생긴다.

엄마의 조급한 마음은 아이에게 그대로 전해진다. 책 읽기에 부담을 느끼면 아이는 이전처럼 즐거운 마음으로 책을 대할 수 없다. 심지어 책과 멀어지기도 한다. 엄마는 초조해져서 자기도 모르게 아이를 닦달하게 되고, 아이는 점점 더 책을 찾지 않는 악순환이 시작될 수 있다.

아이가 책과 멀어지는 첫 번째 이유

엄마들은 아이가 책을 좋아하기를 바란다. 책을 좋아한다는 건 어떤 의미일까? 하루에 수십 권씩 읽어내면 그게 책을 좋아하는 것일까? 막힘없이 줄줄 읽으면 책을 잘 읽는 것일까?

그림책 『책 먹는 여우』(프란치스카 비어만 글/그림, 김경연 역, 주니어김영사)에는 책을 무척 좋아하는 '여우 아저씨'가 나온다. 얼마나 책을 좋아하느냐 하면, 책을 읽을 뿐만 아니라 먹기까지 한다. 그것도 소금과 후추를 살살 뿌려 아주 맛있게 먹는다. 책을 아무리 먹어도 허기를 채우지 못한 여우 아저씨는 집 안의 물건을 전당포에 맡겨서 구한 돈으로 책을 사 읽는다. 그것도 부족해서 커다란 도서관에 가서 몰래 책을 먹는다. 그러다가 사서에게 들켜 출입 금지 통보를 받기까지 한다.

가진 게 없고 먹을 것도 없는 여우 아저씨는 길거리에서 구할 수 있는 광고지나 공짜 신문을 먹으며 버틴다. 아무거나 먹으니 탈이 날 수밖에. 몰골이 형편없어진 여우 아저씨는 밤마다 두꺼운 책을 먹는 꿈을 꾸다가 동네 서점으로 가서 강도짓을 하기에 이른다. 가방 가득 채워 온 책을 맛나게 먹은 여우 아저씨. 결국 붙잡혀서 감옥에 갇힌다.

여우 아저씨에게 내려진 벌은 '독서 절대 금지.' 여우 아저씨는 좌절했지만, 교도관 빛나리 씨에게 부탁해 종이와 연필을 얻는다. 책이 없으면 직접 써서 먹겠다는 근사한 아이디어를 떠올린 것이다.

여우 아저씨는 밤이고 낮이고 쉬지 않고 엄청난 분량의 글을 써낸다. 첫 번째 독자라고 할 수 있는 빛나리 씨의 제안에 따라 글을 모아 책으로 출간한다. 그리하여 여우 아저씨의 소설은 베스트셀러가 되었으며, 그 업적을 인정받아 감옥에서 풀려나게 된다.

이 책은 처음부터 끝까지 기발하고 유쾌하다. 그동안 어마어마하게 많은 책을 먹어치운 여우 아저씨가 신들린 듯 소설을 써내려가는 장면에서는 나도 덩달아 신이 날 정도다.

좋다는 책 다 읽혀도 소용없더라?

『책 먹는 여우』에서 책을 '먹는다'는 단어는 책을 '읽는다'는 의미를 가진다. 주인공 여우 아저씨가 책에 소금과 후추를 뿌려 먹는 행위는 자기만의 시선과 해석을 통해 책을 자기 것으로 만들고 소화시키는 과정이라고 볼 수 있다.

"혹시 아이의 책에 엄마가 원하는 양념을 뿌리고 있지는 않나요?"

나는 이 책을 소개하면서 엄마들에게 묻는다. 우리 아이는 왜 책을 싫어할까 생각하기 이전에 아이가 책을 좋아할 수 없게끔 하지는 않았나 생각해봐야 한다. 아이들은 여우 아저씨처럼 맛나게 책을 읽고 싶은데, 엄마가 자신의 입맛에 맞춰 독서를 강요한 것은 아닐까? '이쯤 읽으면 뭔가 결과가 있어야 하는데…' 하는 마음에 아이가 제대로 이해했는지 이것저것 자꾸 묻고 평가하려고 하지는 않았을까?

좋아하는 일은 굳이 시키지 않아도 하게 되어 있다. 책 읽는 것도 그렇다. 독서가 정말 재미있다면 여우 아저씨가 그러했듯 어떤 방법을 써서라도 읽을 것이다. 하지만 독서가 특정한 성과를 위한 수단이 되고 의무가 된다면 아이에게는 '하기 싫은 일'이 되어 버린다.

좋다는 책을 다 읽혔는데 도무지 효과가 없다고 말하기 전에, 아이가 정말 즐거운 마음으로 책을 읽는지 살펴보자. 경쟁하듯 책을 사들이기만 하지는 않았는지, 아이가 읽은 책의 양에만 신경 쓰지는 않았는지.

모든 일이 다 그렇듯이 아이에게 책을 읽어주는 데 있어서도 '초심'이 중요하다. 아이가 책을 통해 무엇을 얻기를 바라는지 엄마들에게 물어보면 이런 대답이 나온다.

"지식도 지식이지만 지혜를 얻었으면 좋겠어요."

"내면의 힘을 기르길 바랐어요."

"그냥 책을 좋아했으면 좋겠어요."

"간접적으로나마 많은 걸 경험하고 느꼈으면 좋겠어요."

이 말들이 모두 진심이라면 아이의 독서량에 집착할 필요가 없다. 책만으로는 그런 것을 얻을 수 없기 때문이다. 책을 읽는 것도 좋지만, 직접 세상을 마주하고 사람들과 부대끼는 시간 또한 더할 나위 없이 중요하다. 그러면서 보고 듣고 생각하고 느끼는 모든 것이 아이의 자산이 될 테니 말이다.

책 읽기가 힘든 엄마들에게

　책을 좋아하는 아이가 되어야지, 책만 좋아하는 아이가 되어서는 안 된다. 아이가 하루 종일 책장에 코를 박고 있다고 해서 무조건 뿌듯하게 여길 일이 아니다. 아이가 살아가야 하는 곳은 다른 사람으로 가득한 세상 속이다. 아이들은 책을 읽으며 산소와 태양에 대한 지식을 쌓기 전에 시원한 바람을 마시며 따사로운 햇살을 느껴야 한다.

　만일 아이가 책 읽기를 싫어한다면 자꾸 읽으라고 강요하지 말고 독서를 놀이로 인식하게끔 도와주자. 책을 펴기 싫어한다면 책으로 기찻길을 만들고 집을 지으며 함께 놀아도 좋다. 책을 장난감처럼 여기게 되면 거부감도 줄어든다.

　또 한 가지 중요한 점은, 엄마도 책을 좋아해야 한다는 것이다. 이렇게 얘기하면 "저는 책을 못 읽겠어요. 노력하는데 잘 안 돼요."라고 말하는 엄마들이 있다. 어른이라고 해서 반드시 어렵고 두꺼운 책을 읽어야 하는 것은 아니다. 우선 아이의 책을 함께 읽는 것만으로도 충분하다. 어린아이들은 엄마와 무언가를 함께 하는 것만으로도 기쁨을 느끼기 때문이다.

　애들 책이라고 무시하거나 글자가 몇 줄 없다고 시시하게 생각하는 사람도 있지만, 아이들을 위한 책이야말로 양서다. 특히 그림책은 매번 볼 때마다 이전에는 보지 못했던 부분을 발견하게 된다. 그림 속에 숨어 있는 뜻을 찾아내는 재미도 있다. 아이에게 책을 읽어줄 때는 감정 없이 글자만 읽지 말고, 성우가 되었다고 생각하면서 대사의 느낌이나 감탄사 등을 살려 읽어보자. 같은 이야기도 누가 어떻게 들려주느냐에 따라 듣는 재미가 다르지 않던가.

    책을 많이 읽는다고 해서 꼭 남보다 한글을 빨리 떼고, 영어를 잘하게 되는 것은 아니다. 아웃풋이 없다고 한탄하는 엄마들에게 나는 꼭 말해주고 싶다. 책만으로 부모가 아이에게 바라는 것을 얻을 수는 없다고. 하지만 아이가 진정한 의미의 독서를 하고 있다면 분명 그 진가는 드러날 것이다. 중학생이나 고등학생 때가 아니라 아이가 인생을 살아가는 내내 말이다.

누굴 닮아서
성격이 부정적인지
모르겠어요

『공원에서 일어난 이야기』

아이가 자라면서 엄마는 점점 더 많은 고민을 하게 된다. 아이에 관한 고민 중 엄마를 가장 괴롭히는 것은 다름 아닌 '친구 문제'다. 어린이집이나 유치원에서 보내온 사진에서 아이가 친구들과 뚝 떨어져 있거나 겉도는 것처럼 보이면 그렇게 신경이 쓰일 수가 없다.
"엄마, 친구들이 다 나를 싫어해. 나랑 안 놀겠대."
아이가 이런 말이라도 할 때면 가슴이 철렁한다. 아이의 말을 듣자마자 가슴이 무너져 내렸다고 표현하는 엄마들도 있다. 그나마 아이가 어릴 때는 친구들에게 다가가기 어려운가 보다 하며 걱정하는 정도지만, 학교에 다니는 아이가 친구 관계로 속상해하면 혹시 따돌림이라도 당하는 건 아닌지 엄마는 안절부절못한다.

"공부를 아무리 잘해도 인간관계가 엉망이면 말짱 도루묵인 것 같아요."

한 지인은 사촌오빠가 국내 최고 대학을 나왔음에도 어느 회사에서도 적응을 못하고 금방 나온다며 혀를 끌끌 찼다. 그녀는 아이에게 '성적'보다 '관계'의 중요성을 강조했다.

"다른 사람들과 잘 지내면 학교생활이든 사회생활이든 무난하게 하더라고요."

그녀의 말이 틀린 것은 아니다. 다만 아이의 성적에 지나치게 매달리는 것과 마찬가지로 아이의 친구 관계에 너무 신경을 쓰다보면 부작용이 생길 수 있다. 그녀는 아들과 달리 늦둥이 딸이 친구들에게 상처를 자주 받는다며 고민이 많았다. 하루는 밥도 안 넘어가더란다. 유치원에서 돌아오는 길에 딸이 툭 던진 한마디가 화근이었다.

"엄마, 나는 외톨이야. 오늘도 혼자 놀았어."

"뭐? 왜 혼자 놀았어? 무슨 일 있었어? 친구들이랑 싸웠어?"

엄마는 자기도 모르게 아이에게 계속 질문을 던졌다.

"친구들은 내가 싫은가 봐."

이 말을 들은 엄마는 심장이 두근거렸다. 정작 아이는 집에 돌아와서는 평소와 다를 바 없어 보였다. 하지만 그때부터 엄마는 끙끙 앓기 시작했다. 잘 놀던 친구들이 갑자기 왜 그런 걸까? 아이가 친구들이 싫어할 만한 행동을 하는 것은 아닐까? 벌써부터 편 가르기를 좋아하는 아이가 있는 걸까? 이런 일에는 어떻게 대처하라고 해야 할까? 아이 친구 엄마들에게 연락해서 다 같이 키즈카페라도 다녀올까? 이런저런 생각에 잠을 이룰 수가 없었다.

고민 끝에 그 엄마는 담임선생님에게 전화를 걸어 아이 문제를 의논하고, 며칠간 아이가 친구들과 노는 모습을 지켜봐달라고 부탁했다고 한다. 선생님의 관찰 결과는 아이의 말과 달랐다. 아이는 여느 때처럼 친구들과 잘 어울렸다고 한다. 간혹 친구들과 원하는 놀이가 달라 따로 놀 때도 있는데, 그건 다른 아이들도 마찬가지라고 했단다. 알고 보니 그 아이는 진짜 재미있었던 일은 언급하지 않고 속상했던 에피소드만 엄마에게 전달하는 편이었다.

"우리 아이가 외톨이래요"

아이의 말은 어른들이 생각하는 것과 조금 다를 수 있다. 전체적인 상황은 파악하지 못한 채 인상 깊은 일만 콕 집어서 자기중심적으로 말한다. 사실보다는 감정에 치우친 말도 많다. 우리도 내내 즐거웠어도 잠깐 서운했던 일이 기억에 더 남는 경우가 있다. 그처럼 지인의 딸아이도 혼자 놀았던 순간과 그 순간의 감정에 대해서만 이야기한 것이다.

아이의 말에 지나치게 몰입하다 보면 엄마가 오히려 아이보다 더 큰 걱정과 불안에 시달리게 된다. '외톨이였다고? 친구들 노는 데 끼지 못했다니 얼마나 마음이 아팠을까? 안쓰러워라…. 대체 어떤 못된 아이가 우리 아이를 속상하게 한 거야?' 감정이입이 되면서 엄마는 아이보다 더 심한 불안과 걱정을 느끼게 된다. 이제 감정은 시간이 지날수록 눈덩이처럼 점점 커진다.

문제는 엄마의 강도 높은 불안이 아이에게 그대로 전달된다는 점이다. 아이에게는 그다지 큰 문제가 아니었는데 엄마가 엄청나게 큰 문제로 바라보면 아이도 차츰 '이게 심각한 일이구나' 하고 여긴다.

비가 많이 내리는 날의 일기예보를 예로 들어보자. 여섯 시간 동안 70밀리미터 이상의 강우량이 예상되면 기상청에서는 호우주의보를 내린다. 빗줄기가 더 세지고, 같은 시간에 110밀리미터 이상이 내리겠다 싶으면 호우주의보는 호우경보로 격상된다. 아이는 지금 내리를 비를 호우주의보로 여겼는데 엄마가 호우경보로 느끼면 아이도 엄마와 똑같이 느낀다. 이런 태도가 굳어지면 아이는 살아가는 내내 가랑비 같은 시련을 태풍과 같이 여기게 된다. 사소한 문제도 커다란 불안과 공포가 되는 것이다.

아이는 부모의 시선으로 세상을 본다

『공원에서 일어난 이야기』(앤서니 브라운 글/그림, 김향금 역, 삼성출판사)를 보면 엄마의 시선이 아이에게 어떤 영향을 미치는지 분명하게 드러나 있다. 이 책은 네 명의 주인공이 공원이라는 같은 장소에서 각자 다른 풍경을 보는 모습을 담고 있다. 주인공은 찰스 엄마와 스머지 아빠, 찰스, 그리고 스머지이다.

가장 먼저 찰스 엄마가 등장한다. 그녀는 아들 찰스, 개 빅토리아를 데리고 공원에 간다. 코트와 가죽 부츠, 스카프에 빨간 모자까지 한껏 멋을 부린 차림새다. 두 사람은 공원 벤치에 말없이 앉아 있다. 찰스 엄마가 저녁 메뉴를 고민하는 사이 찰스가 사라져 버린다. 찰스 엄마는 다행히 찰스를 찾게 되고 둘은 아무런 말없이 다시 집으로 돌아간다.

스머지 아빠도 딸 스머지, 개 알버트와 함께 공원에 갔다. 그들이 걷는 거리는 어둡고 황량하다. 일자리를 찾기 위해 신문을 보던 스머지 아빠는 울적하고 무기력하지만, 집으로 돌아가는 내내 조잘거리는 스머지를 바라보며 미소를 짓는다. 집으로 돌아가는 길이 처음과는 달리 따스하게 보인다.

그다음은 찰스의 이야기다. 공원을 바라보는 찰스의 뒷모습이 쓸쓸해 보인다. 독자들은 찰스 앞에 펼쳐진 공원 풍경이 조금 이상하다는 사실을 금세 알 수 있다. 나무도, 가로등도 모두 찰스 엄마의 모자와 같은 모양이다. 자세히 살펴보면 찰스가 서 있는 곳 또한 엄마의 그림자 안이다. 그런데 우연히 친구 스머지를 만나서 노는 동안만큼은 찰스에게 공원이 재미있고 아름다운 장소가 된다. 그 때문일까? 엄마와 집으로 돌아가는 찰스의 발자국 위로 예쁜 꽃잎이 보인다.

　스머지의 눈에 비친 공원은 찰스가 본 그곳과 완전히 다르다. 환하고 선명하고 다채로운 색깔이 공원을 가득 채우고 있다. 찰스에게 공원의 나무가 엄마의 모자처럼 보였던 것처럼 스머지 눈에는 공원의 나무가 꼭 아빠의 모자를 닮아 있다. 스머지에게는 공원에 있는 모든 것이 흥미롭고 재미있게 보인다. 처음 만난 찰스에게도 스스럼없이 다가간다.

　앤서니 브라운의 다른 책들이 그렇듯이 『공원에서 일어난 이야기』에도 그림 곳곳에 많은 상징이 숨어 있다. 마치 수수께끼 같아서 처음에는 조금 어렵게 느껴지기도 한다. 하지만 그림책을 펼칠 때마다 작가가 숨겨둔 보물을 발견하고, 그 의미를 생각해보는 즐거움을 누릴 수 있다. 깜짝 놀라는 것처럼 보이거나 화가 난 듯 불타오르는 나무, 담벼락의 색깔과 가로등의 모양 등 주인공의 감정을 반영한 사물의 모습은 이 책을 이해하는 데 많은 힌트가 된다.

　이 책에서 특히 주의 깊게 보아야 할 것은, 아이들이 자신의 엄마와 아빠의 시선으로 세상을 바라본다는 점이다. 나이가 어릴 수록 부모의 가치관이 큰 영향을 미친다. 아이의 눈에 보이는 세상은 부모의 가치관이 투영된 세상이다.

회복탄력성, 부모가 가르쳐야 할 모든 것

나는 엄마들에게 이렇게 당부하곤 한다. 아이가 불안과 공포를 느낄 때 오히려 차분하게 반응해보라고. 아이가 엄마의 반응을 보고 "이거 정말 큰일인가 보네? 어떡하지?" 하고 느끼는 게 아니라 "아, 너무 걱정하지 않아도 되겠구나. 해결할 수 있는 거구나."라고 느낄 수 있게끔 말이다. 쉬운 일은 아니다. 아이가 힘들어하는데 엄마 마음이 평온할 수 있겠는가. 대부분은 아이보다 더 큰 파도를 맞고 있을 것이다. 그렇다고 엄마가 파도에 이리 휩쓸리고 저리 휩쓸리는 모습을 아이에게 그대로 보여주어선 안 된다. 그러면 아이는 더욱더 흔들리기 때문이다.

아이가 살아가는 동안 위기는 계속해서 찾아온다. 엄마가 해줄 수 있는 일은 아이가 불안에 떨지 않고, 공포에 질리지 않고 인생의 고난을 헤쳐 나가는 힘을 길러주는 것이다.

간혹 아이에게 닥친 모든 문제를 해결해주려 하는 엄마들을 본다. 내 아이는 넘어져도 안 되고 피가 나서도 안 된다고, 눈물 나는 일도 없게 만들어줄 거라고들 한다. 그것이 진정 사랑이라고 생각하는 사람도 있다.

　직접 양손에 칼을 들고 아이가 나아갈 길에 드리워진 잡초와 가시나무를 모조리 제거하겠노라며 나서는 그 마음을, 나는 백 번이고 이해한다. 어느 누가 금쪽같은 내 새끼에게 탄탄한 꽃길을 깔아주고 싶지 않겠는가. 그러나 아무리 애를 써도 아이의 길을 엄마가 대신 걸어줄 수는 없다. 결국은 아이가 혼자 걸어야 할 길이다.

　그러니 아이의 삶에 일일이 개입하려 하지 말고 자신의 삶을 살기를 바란다. 엄마는 본인의 인생을 통해 아이에게 보여줘야 한다. 넘어져서 피가 나도, 상처 입어도 다시 일어나 뚜벅뚜벅 걸어가는 긍정적인 마음가짐과 자신감을 아이가 배울 수 있도록. 그게 전부다. 부모는 아이의 회복탄력성을 키워주어야 한다. 아이는 부모가 사는 모습과 태도를 보면서 회복탄력성을 배운다. 그 다음으로 할 수 있는 일은 아이 곁에서 언제나 응원하는 것뿐이다.

　아이는 부딪치고, 넘어지고, 아파하고, 때로는 패배하며 자란다. 진한 눈물을 몇 번이고 쏟으면서 성장한다. 그렇기에 그 눈물은 충분히 흘릴 가치가 있는 눈물이다.

마음 성장 노트

1. 나는 스머지와 찰스의 부모 중 어느 쪽에 가까운가요?

2. 나의 태도 중 어느 부분이 아이에게 영향을 주었나요?

아이에게
엄마는
어떤 존재일까?
『엄마 마중』

『엄마 마중』에는 '아이'라고 말하기에도 어린 '아가'가 등장한다. 코가 빨개지도록 추운 날씨에 아가는 아장아장 걸어 전차 정류장까지 간다. 전차가 오고, 여러 사람이 수선스럽게 전차를 오르내리는 중에 아이는 차장에게 묻는다.

"우리 엄마 안 오?"

다음 전차가 오고, 또 다음 전차가 오는 동안 아가는 정류장을 떠나지 않는다. 사람들 틈에 끼어 그저 한없이 전차를 기다리고, 전차가 올 때마다 차장에게 엄마는 안 오는지 묻는다. 정오가 되었다가 노을이 지고 사위가 어두워질 때까지 아이는 꼼짝하지 않는다. 기다리다 지쳤는지, 아니면 엄마가 오지 않을 거라는 생각이 들었는지 전차가 와도 차장에게 엄마가 안 오냐고 묻지도 않는다. 사람들이 바쁘게 오가는 거리에서 코가 빨개진 아이가 오도카니 서 있다. 아이의 얼굴에는 아무런 표정이 없다. 그래서 한층 더 슬퍼 보이는 것인지도 모른다.

안 그래도 추운 날, 같은 자리에 한없이 서 있는 아가의 머리 위로 하얀 눈이 내린다. 밤하늘에서 펑펑 내리는 눈은 땅 위의 모든 것을 포근히 덮어준다.

『엄마 마중』(이태준 글/김동성 그림, 보림출판사)에 담긴 글은 〈장마〉라는 단편으로 유명한 소설가 이태준이 1938년에 발표한 작품이다. 여기에 김동성 작가의 그림을 더해 2013년 재출간한 작품이 바로 그림책 『엄마 마중』이다. 글은 몇 줄 되지 않지만, 한복을 입은 사람들과 전차, 상점 등 옛 풍경이 그대로 담긴 그림과 만나 엄마를 기다리는 아이의 간절한 마음이 잘 드러나고 있다.

유일하고 절대적인 사람

우리는 모성애에 큰 가치를 부여한다. 자녀를 향한 엄마의 사랑처럼 크고 깊은 것은 없을 거라고 이야기한다. 그렇기 때문에 모성애가 훼손되는 사건이나 사고를 접할 때 사람들은 더욱 격렬하게 분노한다.

그렇다면 엄마를 향한 아이의 사랑은 어떨까? 아이 마음을 읽어주기 위한 글을 쓰면서 나는 아이들이야말로 엄마를 어떻게 생각하는지, 가만히 생각해보았다. 아이를 향한 엄마의 마음, 엄마를 향한 아이의 마음. 이 두 가지 감정을 비교한다는 것은 어리석은 일이지만, 그럼에도 나는 후자에 초점을 맞추고 싶다.

아이를 향한 엄마의 사랑은 모성 '본능'이라고 할 만큼 근원적인 것이다. 하지만 엄마는 성인이다. 녹록하지 않은 상황이나 현실적인 제약, 마음의 병 등 다양한 이유로 아이를 미워하거나 아예 아이에게 무관심한 사람도 있다. 혹은 아이를 사랑할지언정 때로는 계산을 하고 조건을 달기도 한다. 자녀에게 끊임없이 무언가를 바라고, 기대가 충족되지 않으면 역정을 내는 미성숙한 부모를, 우리는 종종 볼 수 있다.

아이는 다르다. 세상에 태어난 뒤 한동안은 엄마를 자기 자신과 동일시할 만큼 아이에게 엄마는 유일하고 절대적인 존재다. 어린아이는 신경이 온통 엄마에게 가 있다. 엄마를 조건 없이 사랑하며, 심지어 엄마가 부당한 대우를 해도 엄마에게 매달린다. 이런 사랑이 온전히 받아들여지지 않을 때, 아이의 상처는 엄청나게 클 수밖에 없다. 사랑은 애증이 되고, 사람에 따라 세상을 향한 분노로 바뀌기도 한다. 아이의 사랑이 부족하다고 엄마의 삶이 좌지우지되지는 않지만, 어린 시절 엄마에게 충분한 사랑을 받지 못하면 평생 인생이 고달파질 수 있다.

나를 찾아오는 내담자들 중에는 어린 시절의 상처를 평생 지고 가는 사람이 많다. 이제는 다 컸지만, 내면의 상처는 여전히 가슴 한편에 남아서 그들을 괴롭힌다. 특히 아이를 키우게 되면 오래 전 엄마에게 받았던 상처가 더욱더 선명하게 떠오른다. 성장기에 부모에게 받은 상처를 묻어두고 잘 살다가 아이를 키우면서 가라앉아 있던 문제가 수면 위로 떠오르는 경우도 있다. 자기도 모르게 엄마처럼 아이를 키우고 있다며 힘들어하는 내담자를 나는 여럿 만났다.

세상을 떠들썩하게 만든 강력범죄자의 반사회적인 성격은 선천적으로 타고나는 것인가에 대해서 여전히 말이 많다. 분명한 사실은 그들 중 행복한 유년을 보낸 사람은 없다는 점이다. 물론 어린 시절에 사랑을 받지 못했다고 해서 모두 범죄자가 되는 것은 절대 아니다. 또한, 사람의 마음이 비뚤어지는 것이 모두 엄마의 책임이라는 말도 아니다. 엄마가 부재해도 누구든 그에 비할 만한 사랑을 아이에게 쏟아준다면 아이는 안정적으로 자란다.

"짜증내고 떼쓰는 둘째가 미워요"

얼마 전 둘째아이가 너무 밉다며 나에게 상담을 요청한 엄마가 있다.

"형은 한 번도 그런 적이 없는데, 개는 어릴 때부터 툭하면 손에 있는 걸 던지면서 짜증을 내요. 뭐든지 자기 멋대로 하겠다면서 생떼를 부리니까 솔직히 정이 안 가요."

그 엄마는 둘째의 단점을 계속해서 나열했다. 마치 "아이가 정말 독특하네요."라는 말을 듣고 싶다는 듯이.

엄마라고 해서 성인군자처럼 살 수는 없다. 매 순간 아이에게 너그러울 수는 없다. 가끔은 미운 마음도 들고 원망이 생길 수도 있다. 하물며 여러 자녀를 언제나 한 치의 어긋남 없이 똑같은 마음으로 대하기란 무척 어려운 법이다. 한 자녀로 인해 골치를 앓을 때 다른 자녀에게서 위안을 받기도 하고, 그 반대의 상황이 될 때도 있다. 다만 그 마음을 드러내서 표 나게 아이들을 대우한다면 아이들 모두에게 크나큰 상처가 된다.

우선 그 엄마의 말은 인과관계가 잘못되었다. 아이가 미운 이유를 '그 아이의 무엇 때문'이라는 식으로 설명하려는 부모들이 있다. 하지만 보웬의 가계도 이론에 따르면 그 어떤 문제도 아래에서 위로 전달되지 않는다. 위에서 아래로, 즉 부모에게서 자녀에게로 전해지는 것이다. 부모의 양육 태도와 가치관 등 다양한 요소가 자녀에게 영향을 미친다. 따라서 둘째가 엄마가 밉다고 말한 원인은 엄마에게 있는 것이다. 이론상 그것이 명확하다.

둘째아이는 첫째아이와 다른 존재이다. 다른 성향을 가지고 있다면 그에 맞는 훈육을 했어야 한다. '형은 순했는데 너는 왜?'

라는 시선으로 바라본다면 아이도 그것을 느낀다. 형을 편애하는 엄마의 마음이 느껴질수록 아이는 엄마의 관심을 받으려고 발버둥 쳤을 것이다. 아이는 그저 온전하게 엄마의 사랑을 받고 싶을 뿐이다. 엄마의 사랑을 받을 때 아이는 온 세상이 자신을 지지하는 듯한 든든함과 크나큰 행복을 느낀다.

엄마 품이 그리웠던
여덟 살의 기억

　나는 어린 시절 애타게 엄마의 품을 갈구했다. 엄마는 출산 직후부터 집안일과 밭일에 매달렸다. 엄마도 첫아이를 많이 안아주고 싶었겠지만, 겨우 젖만 물리고 나서 다시 불려 나가야 했다. 나는 태어나자마자 골방에 혼자 누워 지내는 시간이 많았다. 살이 에일 정도로 추운 그곳에서 갓난아기의 조그마한 코는 막히고 헐다 못해 결국 내려앉았다. 코감기가 너무 심해져 결국 연골을 잃어버린 것이다. 그 어린 나이에 나는 안면기형 판정을 받았다. 나는 그 시간을 기억하지 못하지만, 그로 인해 받은 몸과 마음의 상처는 아주 오래 나를 괴롭혔다.
　여덟 살 때의 기억은 지금도 생생하다. 당시 아버지는 실수로 전 재산을 잃었다. 우리 가족은 너른 마당이 있는 주택에서 구멍가게가 딸린 아주 작고 낡은 집으로 이사했다. 아버지는 자책과 후회로 스스로를 들들 볶다가 결국 병을 얻었다. 병명은 늑막염이었고, 지금과 달리 40여 년 전에는 쉽게 고칠 수가 없었다.

　엄마는 주기적으로 서울에 있는 큰 병원에 가서 아빠의 약을 타 왔다. 동생들을 돌보며 가게를 지키는 일은 맏이인 내 몫이었다. 미군부대가 있는 동네였기에 우리 가게에 자주 들르는 사람들은 소위 '양공주'로 불리던 여성들이었다. 삶의 막바지로 내몰린 이들을 상대로 하는 구멍가게를 지키는 일은 여간 어렵지 않았다.

　당시 나에게 가장 힘들었던 일은 아직 어린 동생들을 챙기거나 각양각색의 손님을 대하는 것이 아니라, 엄마를 기다리는 것이었다. 엄마가 서울에 간 날이면 나는 늘 조마조마했다. 아직은 젊은 엄마가, 병든 남편과 넷이나 되는 자식들을 건사하느라 너무 지친 엄마가 혹시나 돌아오지 않으면 어떡하지? 나는 막연하게나마 이런 생각을 했다.

　집에 돌아온 엄마는 가게를 둘러보고 저녁밥을 준비하느라 바빴다. 엄마를 애타게 기다린 나는 엄마가 나를 꼭 안아주며 따스한 말을 건네주길 바랐지만 엄마에게는 그럴 정신이 없었다. 나는 그런 엄마를 이해하면서도 야속했고, 항상 엄마 품이 그리웠다.

　한번은 엄마가 외출한 사이 큰 비가 내렸다. 다른 때와 달리 엄마는 날이 어두워지도록 돌아오지 않았다. 나는 막냇동생을 업은 채 비를 맞으며 동네 어른들을 찾아다녔다. 엄마가 안 온다고, 엄마 좀 찾아달라고 울부짖으면서. 나를 따라 우는 동생들을 달래면서. 그날 나는 엄마에게 버려졌다고 생각했다. 그 무시무시한 공포감 때문인지, 나는 아직도 비가 심하게 쏟아지는 날을 좋아하지 않는다.

다행이다, 엄마를 만나서

『엄마 마중』 속 아가는 엄마를 보고 싶어 하는 마음 하나로 추위와 배고픔, 지루함을 버틴다. 엄마를 기다리는 그 마음이 얼마나 간절한지 나는 안다. 엄마가 와서 이 아가를 꼭 안아주면 좋으련만. 이 추운 날 왜 나와 있느냐고, 도대체 왜 엄마 말을 안 듣고 쓸데없는 짓을 했냐고 야단치지 말고 "엄마가 그렇게 보고 싶었어? 엄마 왔으니까 이제 걱정하지 마." 하고 아이의 마음을 알아준다면 아이는 너무나 기쁠 것이다.

아이가 어떤 행동을 하든, 아이가 그 행동을 통해 나에게 전하고 싶은 마음은 무엇인지 생각해봐야 한다. 아이는 말로 충분히 설명하지는 못해도 언제나 엄마에게 말하고 있다. 행동으로, 표정으로, 그리고 눈물로.

나는 이 책의 마지막 페이지를 볼 때마다 눈물이 난다. 시야를 가득 채울 만큼 많은 눈이 내리는 가운데 좁은 골목길 사이로 엄마의 손을 잡고 걸어가는 아가의 모습이 보인다. 아가는 한 손에 막대사탕을 든 채 그토록 기다리던 엄마의 얼굴을 바라보고 있다.

출판사 서평에 따르면 이 페이지는 원작에 없는 내용이며, 그림 작가가 그려 넣은 것이라고 한다. 그렇다면 아가가 엄마를 만난 것은 진짜 일어난 일이 아니라, 그림 작가의 상상인지도 모른다. 내가 그랬던 것처럼, 아마 그림 작가 또한 아가가 엄마를 꼭 만나기를 바랐었나 보다.

나는 이 그림을 그려준 김동성 작가님에게 깊이 감사한다. 아가가 엄마의 손을 꼭 붙잡고 가는 모습을 보고 이 책을 덮을 수 있게 해주어서 너무 고맙다. 이 장면이 없었다면 아가는 얼마나 쓸쓸했을지, 그리고 독자들의 마음은 얼마나 애처로웠을지.

엄마를 만난 아가는 이제 행복해졌을까? 아이의 마음은 글로 표현되어 있지 않지만, 두 사람의 머리 위로 보이는 하늘은 눈이 시리도록 밝고 아름답다.

아이가 무기력해서
속이 터져요
『마음이 아플까봐』

아이가 공부를 잘하면 기쁘겠지만, 최근에는 자녀에게 굳이 좋은 성적을 바라지 않는 부모들이 종종 보인다. 한 아이엄마는 나에게 이렇게 말했다.

"저는 아이한테 공부는 적당히 하라고 해요. 솔직히 공부 잘한다고 잘사는 것도 아니고요."

그녀는 학창 시절 줄곧 우등생이었지만, 아이에게는 성적으로 잔소리하고 싶지 않다고 했다. 이렇게 말하는 부모들을 종종 만난다. 공부 잘해봤자 인생에 특별한 보상이 없더라는 회의감, 공부만 강요하는 부모로 인해 불행했던 유년의 기억 등 이유는 다양했다. 게다가 소위 '좋은 직업'에 대한 기준마저 예전과 달라지고 있는 세상이니, "저희 아이는 그냥 좋아하는 일을 찾아서 행복하게 살았으면 좋겠어요"라고 말하는 부모들의 심정이 이해가 된다.

아이의 꿈을 존중하겠다고 결심한 부모들에게도 난감한 상황이 있으니, 바로 아이가 꿈이 없다고 말할 때이다. 무엇이든 말만 하면 열심히 도와주겠노라 벼르고 있는데 아이가 "하고 싶은 게 없어요"라고 말한다면 부모 입장에서는 맥이 빠진다.

아이가 왜 이렇게 의욕이 없는지 모르겠다며 고민하는 엄마들이 참 많다.

"하고 싶은 게 없대요. 좋아하는 것도 없대요. 다른 엄마들은 애가 게임을 너무 좋아해서 걱정이라는데 저는 아이가 그거라도 했으면 좋겠어요. 프로게이머도 있고, 게임 만드는 사람도 있고 게임이랑 관련된 직업이 많잖아요. 애는 대체 뭐가 되려고 이러는지 모르겠어요."

무기력한 아이 때문에 속이 터져 죽겠다고 하소연하는 엄마들에게 나는 이렇게 묻곤 한다.

"어머니는 어린 시절에 뭘 좋아하셨어요?"

"열 살 때 어머니의 꿈은 뭐였어요?"

좋아하는 일이나 하고 싶은 일을 찾는다는 게 사실 그리 쉬운 것은 아니다. 어릴 때부터 가고자 하는 길이 확실했던 사람은 아마 별로 없을 것이다. 물론 요즘 아이들은 부모 세대와 다르게 다양한 직업을 접할 기회가 많다. 적성검사나 직업교육도 예전보다 세심하게 진행되기는 하지만, 아이들은 아직 자기의 성향과 취향을 정확히 알기 어렵고, 좋아하는 것이 있다고 해도 자주 바뀌기 마련이다. 조급하게 생각할 필요는 없다는 뜻이다.

아이와 비슷하게 부모도 느긋한 성격이면 갈등이 없을지도 모른다. 삶의 속도보다는 방향이 중요하다는 가치관을 가지고 있어도 아이와 갈등이 생기지 않을 것이다.

하지만 에너지가 많고 목표 지향적이며 성취를 즐기는 부모라면 의욕이 없는 아이를 답답해할 수밖에 없다. 반드시 부모 잘못이라기보다 부모와 자녀의 성향이 다르기 때문에 갈등이 도드라지는 것이다.

부모의 의욕이 부담스러운 아이

몇 년 전에 아이 문제로 변호사 부부를 상담한 적이 있다. 공부는 당연히 잘했을 것이고, 변호사가 된 뒤에도 주위에서 잘나간다고 부러워할 만큼 똑똑한 분들이었다. 상담을 진행해보니 그들은 살면서 실패를 경험해본 적이 없었다. 오직 아이가 부부의 유일한 걱정거리였다.

내담자 부부의 아이는 평범했지만, 또래에 비해 의욕이 없고 태평한 편이었다. 엄마아빠는 아이를 이해할 수 없었다. 시험을 못

봐도 아무렇지 않고, 배우고 싶은 것도 없고, 심지어 노는 것도 재미가 없다고 하니 엄마아빠와는 분명 기질이 다른 아이였다.

부부는 혹시 무슨 문제라도 있는 게 아닐까 싶어 아이를 대형 병원에 데려가 이런저런 검사를 받도록 했다. 물론 결과는 '정상'이었다. 어떤 검사에서도 아이에게 이상이 있거나 문제가 있다는 소견이 나오지 않았다. 그런데 이 사실이 부모에게는 더 스트레스였다.

"검사를 했는데 아무것도 안 나오니까 더 환장하겠어요."

아이엄마의 말에 당황한 나는 "그럼 뭔가 나오길 바라셨어요?" 하고 물었다.

"그런 건 아니지만 … 뭔가 나오면 그걸 고치면 되니까 적어도 해결책이 있는 거잖아요."

부부는 '부족한 부분은 집중 공략하면 된다'는 사고방식을 가지고 있었다. 마치 시험을 앞두고 부족한 과목을 더 공부해서 반드시 좋은 성적을 받겠다는 의지가 넘치는 학생과 같은 태도였다.

아이가 다섯 과목 중 한 과목만 80점을 맞고 나머지는 100점을 맞았다고 하자. 많은 부모들이 '한 과목도 100점으로 만들어야 해!'라고 결심한다. 네 과목이나 100점을 맞았다고 칭찬하기보다, 80점도 잘한 거라고 말하기보다, 떨어지는 과목을 공략해서 더 잘해야 한다고 독려한다.

내담자 부부가 아이에게 꼭 공부를 잘하길 바랐던 것은 아니다. 아이가 하고 싶은 일이 있다면 그것이 무엇이든 꿈을 이룰 수 있도록 최선을 다하겠다는 부모였다. 그렇지만 부모의 그런 태도는 아이 입장에서 부담스러웠을 것이다. 물놀이가 재미있다고 한 마디만 하면 올림픽 금메달리스트를 상상하며 당장 아이를 수영선수로 만들기 위해 스케줄을 짤 태세인 부모. 그 앞에서 아이가 편안하게 무언가를 좋아하고 즐길 수 있을까?

　미술학원에 가보고 싶은데 내가 그림을 못 그리면 어쩌지? 태권도가 재미있는데 하다가 재미없어지면 어떡하지? 엄마아빠가 실망할까봐, 또는 자기 자신에게 실망할까봐 아이는 그 무엇도 함부로 좋아할 수가 없었다. 상처받고 좌절하기 싫어서 아무것도 좋아하지 않는 사람이 되기로 한 셈이다.

　그저 좋고, 그냥 재미있어도 된다. 그 나이는 그런 나이다. 공부든 뭐든 아이의 삶은 부모 주도가 아니라 아이 주도여야 한다는 사실을 모르는 부모가 너무나 많다.

　무기력한 아이를 보며 걱정해야 할 점은 아이의 장래 직업이 아니라 아이의 감정이다. 세상 구석구석의 풍경과 거기에 숨겨진 이야기, 앞으로 무수히 만나게 될 새로운 장면을 감탄과 환희로 받아들이지 못하는 무미건조한 마음이야말로 무기력한 아이의 진짜 문제점이다.

마음을 닫고 살기로 결심한 아이

그림책 『마음이 아플까봐』(올리버 제퍼스 글/그림, 이승숙 역, 아름다운 사람들)는 표지가 노란색이다. 색채를 심리 치료에 활용하는 컬러테라피에서 노란색은 이중적인 의미를 가지고 있다. 따뜻함과 포근함을 주는 동시에 조금은 미성숙한 느낌이 있는 색이기도 하다. 유치원 원복이나 모자에 노란색을 많이 활용하는 이유가 여기에 있다. 이제 막 세상에 한발을 내딛는 아이들을 상징하는 색으로 잘 어울리기 때문이다. 그래서 이 책을 처음 보았을 때 나는 표지가 따스하면서도 어린 마음, 그 양가감정을 표현한다는 생각이 들었다.

속표지에는 할아버지 옆에서 자전거를 타고 있는 여자아이가 나온다. 아이의 표정은 밝고 평화롭다. 이 장면 하나로 아이가 할아버지의 사랑을 받으며 자라고 있음을 눈치 챌 수 있다.

책은 "한 소녀가 있었습니다"라는 문장으로 시작된다. 속표지에 있던 할아버지는 소녀를 바라보고 있다. 소녀에게 할아버지는 가족이자 친구이자 보호자이자 선생님이다. 세상에 대한 호기심으로 가득한 소녀는 할아버지에게 많은 것을 묻고 배우고 나누며 조금씩 커간다.

어느 날 소녀는 열심히 그린 그림을 할아버지에게 보여주기 위해 뛰어간다. 하지만 할아버지가 늘 앉아 있던 의자는 텅 비어 있다. 독자는 이 그림을 통해 할아버지가 돌아가셨다는 사실을 알게 된다. 할아버지의 부재를 받아들이기가 두려웠던 소녀는 자신의 마음을 빈병에 넣어두기로 한다. 마음이 아플까봐.

마음을 꺼내 빈병에 넣은 소녀는 병을 목에 건다. 그러자 더 이상 마음이 아프지 않았다. 하지만 세상 모든 것에 대한 관심과 열정도 함께 사라져버렸다. 소녀는 어른이 되었고, 아주 긴 시간 동안 무미건조하게 살았다. 때로는 불편했지만, 그래도 마음을 꺼내려고 하지는 않았다. 그렇게 두어야 마음이 안전하니까. 마음을 다칠 염려도, 아플 염려도 없으니까.

어릴 적 놀던 바닷가를 찾은 소녀는 어린 시절의 자신처럼 호기심이 많은 아이를 만났다. 그 아이에게 무언가 말해주고 싶었지만, 아무 말도 해줄 수가 없었다. 소녀에게는 마음이 없었기 때문이다. 그리고 그때, 드디어 소녀는 병에 넣어둔 마음을 꺼내기로 결심한다.

그런데 마음을 꺼내는 일이 생각만큼 쉽지가 않다. 심지어 병을 높은 곳에서 떨어뜨려도 병은 깨지지 않는다. 마음을 꺼내준 사람은 바로 바닷가의 아이였다. 그 아이 덕분에 소녀는 마음을 되찾았다. 그리고 소녀는 자신이 그동안 잊고 살았던 감정들을 다시 느끼기 위해 할아버지의 빈 의자에 앉아 책을 읽기 시작한다. 무표정했던 소녀의 얼굴은 할아버지와 함께했던 그때처럼 밝고 평화롭다.

"엄마 때문에 90점 이상은
안 받을 거예요"

마음을 자기 자신과 뚝 떼어놓고 산다면 어떨까? 이런저런 일에 감정이 휘둘리지 않으면 정말 편안할까? 나는 겨우 열세 살 나이에 그렇게 지내는 아이를 상담한 적이 있다. 아이를 내게 데려온 사람은 아이의 엄마였다.

당시 나는 강남 학원가에서 상담 치료를 하고 있었다. 아이 엄마는 아이가 확연하게 뛰어나고, 학교나 학원에서도 그렇다고 이야기하는데, 어느 이상 성적이 오르지 않는다고 말했다. 100점을 맞을 수 있는데 꼭 말도 안 되는 실수를 해서 항상 90점을 받아온다는 것이다. 그러면서 아이에게 무슨 스트레스가 있는지 상담을 통해 알아봤으면 했다. 스트레스 요인을 없애서 아이의 성적을 최상위권으로 올리는 것이 엄마의 목표였다.

나와 둘만 남게 되자 아이는 뜻밖의 말을 했다.

"저는 90점 이상은 절대 안 받아요. 90점이 넘으면 엄마가 절 더 힘들게 할걸요?"

아이 얘기를 들어보니, 엄마는 아이 성적에 심하게 관여하는 편이었다. 잘하면 잘할수록 더 많은 것을 요구할 게 뻔하다는 아이의 말에 고개를 끄덕일 수밖에 없었다.

"저는 두 개 정도 틀려야지, 생각하고 풀어요"라고 담담하게 말하는 아이에게서 나는 별다른 슬픔이나 분노의 기운을 찾을 수 없었다. 냉소적이라기보다는 아예 무감각했다. 아이는 이미 자신의 마음을 꺼내 빈병에 넣어둔 상태였다.

나는 아이엄마에게 말했다. 아이에게 필요한 것은 감정을 회복하는 일이며, 이 일이 아이의 성적보다 더 중요하다고. 그러려면 무엇보다 엄마의 사고를 재구조화할 필요가 있었다. 아이의 미래에 대한 목표를 다시 짜야 한다는 내 말을 듣고 엄마가 한 말이 지금도 잊히지 않는다.

"교수님, 우선 스카이에 가고 나서 다시 짜면 안 될까요?"

아이는 알았던 것이다. 엄마는 이미 자신의 대입을 위해 질주하고 있으며, 만일 아들이 매우 뛰어나다는 사실을 알고 나면 폭주하는 기관차가 될 것임을. 나는 아이가 정말 똑똑하다고 생각했다. 그리고 그 똑똑한 아이가 안쓰러웠다.

아이가 좋아하는 것도 싫어하는 것도 없다면

20년 가까이 상담을 해오면서 수많은 사람들을 만났다. 힘든 일을 겪은 뒤 쉽게 치유할 수 없는 상처를 안고 사는 사람이 참 많았다. 어떤 사람들은 더 이상 상처받지 않기 위해 그림책에 나오는 소녀처럼 마음을 닫고 살아갔다. 아무것도 좋아하지 않고, 아무것도 싫어하지 않고, 주어지는 대로, 살아지는 대로 그냥 그렇게 하루하루를 보냈다.

특히 마음이 아플까봐 마음을 떼어놓은 아이들을 만나면 무척 안쓰러웠다. 아이들은 상담을 하는 내내 내 눈을 피했다. 입도 꾹 다물고 있었지만, 마치 온몸으로 "나는 마음 안 줄 거야, 들여다보지 마!"라고 말하는 듯했다. 심리학자라는 사람에게 혹시나 자기 마음을 들킬까 저항하는 모습을 볼 때마다 안타까웠다.

그런 아이들과 몇 번이고 만나서 이야기를 나누었다. 절대 꺼내 보이지 않으려던 마음이 아이들의 눈빛에 드러나는 순간, 그 눈에서 울음이 터지곤 했다. 그러면 나도 마음이 아파 눈시울이 뜨거워졌다.

책 속의 소녀가 그랬듯이 한번 떼어놓은 마음을 되찾기까지는 아주 오랜 시간이 걸린다. 그 오랜 시간 동안 소녀는 얼마나 많은 것을 잃어버렸을까. 그동안 잃어버린 것을 되찾으려면 또 얼마나 오랜 시간이 걸릴까.

세상 모든 부모들에게 꼭 이야기해주고 싶다. 떨어진 성적보다 회복하기 어려운 것은 닫혀버린 마음이라는 것을.

2부

엄마 마음 위로하기

네가 내게로
온 날
『네가 태어난 날엔 곰도 춤을 추었지』

결혼을 했으나 아이는 낳지 않는 부부가 늘어나고 있다. 이름 하여 딩크족. 딩크dink란 'double income no kid'의 약자다. 이제 딩크족을 주변에서 흔하게 볼 수 있다. 부부가 아이를 갖지 않는 데는 경제적인 이유가 클 것이다. 물론 경제적인 이유가 전부는 아니다. 많은 여성들이 육아로 인한 경력 단절, 유독 엄마에게 강요되는 희생과 의무를 두려워한다. 아이를 아예 원하지 않는 사람도 있지만, 아이를 원하는 사람들도 이 험한 세상에서 아이를 낳아 몸과 마음이 온전한 성인으로 키우는 일이 자신 없다고 말한다.

나는 누구에게나 그런 고민이 필요하다고 생각한다. 아무런 준비 없이 엄마가 되어 본인과 아이 모두 힘들어진 사례를 정말 많이 봐왔다. 한 생명을 책임진다는 것은 참으로 귀하고 대단한 일이지만, 그만큼 중대하고 어려운 일이다.

부모가 될 준비라 함은 특정한 지식이나 정보를 많이 아는 것과는 상관이 없다. 아이를 낳고 키우는 데 필요한 정보는 책이나 인터넷에서 얼마든지 찾아볼 수 있다. 이론을 완벽하게 갖추었다고 아이를 잘 키울 수 있는 건 아니다.

물론 부모가 될 준비에 있어 '완료'란 없다. 그 누구도 "나는 이제 부모가 될 준비를 끝냈어!"라고 자신만만하게 외칠 수는 없을 것이다. 다만 최소한 내가 아이를 받아들이고 책임질 만큼의 심리적이고 정서적인 안정을 가지고 있는지는 생각해봐야 한다.

좋은 부모가 되겠다는 마음가짐보다 중요한 것은 나의 내면이 괜찮은지 살펴보는 일이다. 꽤 많은 사람들이 심리적인 상처를 안고 살아간다. 상처는 꼭꼭 숨겨두기만 하면 될 것 같지만, 사실은 그렇지 않다. 숨겨두었던 상처가 본인은 물론 배우자와 아이에게까지 영향을 끼치기 때문이다.

한 사람이 온다는 것은
그의 마음이 오는 것

내가 글이나 강연에서 자주 인용하는 시가 한 편 있다. 바로, 정현종 시인의 〈방문객〉이라는 시다. 시는 "사람이 온다는 건 실은 어마어마한 일이다"라는 구절로 시작된다. 시인은 말한다. 한 사람이 오는 것은 그의 과거와 현재, 미래가 함께 오는 것이라고. 부서지기 쉽고 부서지기도 했을 그 사람의 마음이 오는 것이라고. 이 시만큼 내가 하고자 하는 이야기를 잘 설명해줄 수 있는 구절이 또 있을까 싶다.

    거울 앞에 서서 자기 자신을 바라보자. 그 안에 과연 현재의 '나'만 있을까? 그렇지 않다. 부모의 영향과 그간의 경험으로 형성된 가치관과 취향을 가진 '나', 그것을 바탕으로 계속 살아갈 '나'가 있다. 한 사람 안에는 과거와 현재, 미래가 모두 담겨 있다. 사람의 마음은 부서지기 쉽다. 한 번쯤 부서진 적도 있을 것이다. 상처를 가진 한 사람이 역시 상처를 가진 한 사람을 만난다. 누군가를 만난다는 것은 그런 의미다. 정말 기가 막힌 시구(詩句)다.

    그러므로 어떤 사람을 받아들인다는 것은 쉬운 일이 아니다. 많은 사람들이 그저 좋아서 누군가를 만나고, 함께 살고 싶어서 결혼을 한다. 그러나 가정을 이루어 살아가는 일은 생각보다 훨씬 많은 인내와 배려, 희생을 필요로 한다. 남녀 모두에게 그러하다. 더욱이 두 사람이 함께 아이를 키워야 한다면 참고 견뎌야 할 일이 더욱 늘어난다. 견디기 힘들어질 때면 마음은 또다시 부서지고, 잘 묻어두었다고 생각한 상처가 다시금 아파온다.

"아이가 칭얼대면
욱하는 마음이 올라와요"

올해 초 EBS 라디오 〈행복한 교육세상〉에 출연해 심리치유 상담을 한 적이 있다. 그중 기억에 남는 사연이 하나 있다. 30대 중반으로 네 살짜리 아이를 키우고 있다는 한 엄마의 사연이었다. 그녀는 부모의 사랑을 받아본 기억이 없다고 했다. 특히 그녀는 어린 시절부터 아버지의 폭언과 폭력에 시달렸다. 아버지가 엄마에게 욕설을 퍼붓고 손찌검하는 모습도 봐야 했다. 마음에 병이 깊은 엄마는 딸을 제대로 보듬을 수가 없었다. 아이의 마음에는 부모에 대한 원망과 분노가 쌓였다. 그리고 자신은 절대 그런 부모가 되지 않으리라 다짐했다. 사랑하는 남편을 만나 결혼하고 예쁜 아이를 낳았다. 단란한 가정을 꾸릴 수 있을 것 같았다.

그런데 이상한 일이었다. 네 살 아이가 칭얼거릴 때마다 자꾸만 욱하는 마음이 올라왔다. 평소에는 괜찮다가도 아이가 마음대로 되지 않으면 화가 치밀었다. 손이 올라가려는 걸 간신히 참았다. 그토록 싫어하던 아버지의 모습이 자신에게 보일 때의 당혹감과 두려움. 사연의 주인공은 "부모님에게서 본 게 그것뿐이어서 그럴까요? 아니면 제가 미숙한 부모라서 그럴까요?" 하고 물었다.

갑자기 돌변하는 엄마의 모습을 보면 아이는 어떤 기분이 들까? 아이에게 있어 엄마는 유일하게 자신을 담아주는 사람이다. 유명한 정신분석학자 멜라니 클라인 Melanie Klein과 윌프레드 비

온Wilfred Bion은 엄마의 역할을 컨테이너container라는 말로 설명하기도 했다.

갓 태어난 아기는 무언가를 느끼지만 그것이 무엇인지 모른다. 배가 고프면 그저 우는 것으로 그 상태를 벗어나려 한다. 엄마는 아기의 허기를 알아차리고 채워준다. 아기의 감정을 '담아주는' 엄마의 역할로 인해 아기는 자신의 감정을 알고 경험할 수 있게 된다. 엄마는 이런 식으로 아이의 긴장과 불안, 혼란을 담아주고, 아이가 감당할 만한 것으로 되돌려준다.

대상 항상성이 확립된 아이는 엄마가 자신을 혼내도 '엄마는 좋은 사람이고 마땅히 날 사랑하는 존재'라고 생각한다. 따라서 잘못한 것이 없는데도 혼이 날 때 아이는 엄마 탓을 하기보다는 자기 탓을 한다. '내가 나쁜 애라서' 혼난다고 느끼는 것이다. 아이들은 이런 메커니즘으로 사고한다. 『나의 라임 오렌지나무』에 등장하는 꼬마 제제가 대표적인 예다.

아이는 부모의 장단점을 모두 섭취한다

사연의 주인공은 무척 괴로웠을 것이다. 화를 내면서도 '내가 이러면 안 되는데' 하고 생각했을 것이다. 아이에게 화를 내고 돌아선 뒤에는 감정 조절이 안 되는 자신이 무서웠을 것이다.

나도 모르는 사이에 내 아이는 나를 닮아 있다. 아이는 엄마, 아빠가 하는 말과 행동 중 어떤 것은 좋아하고, 어떤 것은 싫어한다. 당연히 좋은 것은 닮고 싶고, 싫은 것은 닮고 싶지 않을 것이다. 하지만 어린아이가 그것을 취사선택하는 것은 불가능하다. 5세 이전에는 부모의 언행이 아이에게 다 섭취된다고 해도 과언이 아니다. 심리학 용어인 '섭취'는 그런 의미이다. 사연의 주인공도 그랬다. 자신도 모르게 부모의 싫은 점마저 섭취했을 것이다.

인간이 성장하는 데 있어 생물학적 요인과 환경적 요인 중 무엇이 더 중요할까? 유전은 무시할 수 없는 것이다. 그러나 나는 개인적으로 후자에 더 많은 비중을 두고 있다. 타고난 성격도 어린 시절 부모가 어떻게 대응하느냐에 따라 순화되거나 강화된다.

그렇다면 부모에게서 흡수된 잘못된 언행을 어떻게 바꿔야 할까? 가장 중요한 것은 교육이다. 내 안에서 닮기 싫었던 부모의 모습을 찾아내고 끊어내야 한다. '단절'을 훈련해야 한다. 나는 이렇게 비유한다. 누구나 '욕'을 안다. 내 머릿속에도 당장 떠오르는 욕이 몇 가지나 있다. 그러나 나는 욕을 하지 않는다. 알고 있지만, 안 할 뿐이다. 단절 훈련도 이것과 같다. 나에게 어떤 모습이 있는지, 그중에서 내가 원하지 않는 모습이 무엇인지 우선 알아야 하고, 그 모습을 꺼내지 않도록 노력해야 한다. 어릴 때는 그렇게 하지 못했더라도 이제 성인이 되었으니까 우리는 '취사선택'을 할 수 있다.

내가 받고 싶었던 사랑을
내 아이에게 주자

앞서 이야기한 바 있지만, 어린 시절의 나는 늦도록 돌아오지 않는 엄마를 기다리며 버림받았다는 공포에 시달린 적이 있다. 장대비가 내리는 날이었고, 그 후로도 나는 비 오는 날이면 그때의 기억이 떠올라 우울해지곤 했다. 내가 엄마가 되고 난 후, 비가 오는 날이면 엄마의 울적한 기분에 아이들이 영향을 받는 것 같았다.

나는 아이들에게 그런 기억을 안겨주고 싶지 않았다. 그래서 비가 오는 날은 더 적극적으로 즐거운 하루를 보내려고 애썼다. 아이들과 함께 밀가루 반죽을 뜯어 수제비를 만들기도 하고, 부침개를 부쳐 호호 불며 맛나게 먹기도 했다. 아이들을 차에 태우고 세차장에 가서 차 위로 떨어지는 물과 거품을 보며 "우와아악!" 소리치고 웃기도 했다. 나는 엄마들에게 곧잘 '유치찬란'하라고 말한다. 아이들과 함께하는 시간은 유치하면 찬란해진다.

어린 시절의 경험을 바꿀 수는 없다. 그러나 지금 내 아이와는 충분히 잘할 수 있다. 내 아이를 '어린 시절의 나'라고 바꾸어 생각하고, 그 시절의 내가 받고 싶었던 사랑을 준다면 나에게 끔찍했던 기억을 내 아이에게만큼은 물려주지 않을 수 있다. 아이에게만큼은 좋은 기억으로, 소중한 추억으로 바꿔줄 수 있다. 이러한 '전환기법'을 알려주며 나는 사연의 주인공을 격려했다.

얼마 안 있어 그녀가 온라인 카페에 글을 올려주었다. 교수님 이야기대로 했노라고, 내 아이를 어린 시절의 나라고 생각하며 위로해주다보니 눈물이 그렇게 많이 나더라고 했다. 아이와 자신의 상처를 함께 치유해갈 용기가 생겼다고, 그녀는 말했다.

그림책 『네가 태어난 날엔 곰도 춤을 추었지』(낸시 틸먼 글/그림, 이상희 역, 내인생의책)는 온 세상이 아기의 탄생을 축하하는 내용이다. 한 아기가 태어난 날, 달과 별도 미소를 짓고, 바람과 비도 아기의 이름을 속삭인다. 아기의 이름이 바다와 숲을 지나는 동안 돌고래와 나무, 귀여운 오리 가족이 기뻐하며, 북극곰들은 즐겁게 춤을 춘다. 모두가 말한다. 너는 기적 같은 선물이며, 너처럼 어여쁜 아이는 세상에 없을 거라고.

『네가 태어난 날엔 곰도 춤을 추었지』는 미국 아마존의 영아 및 유아 서적 분야에서 베스트셀러에 올랐다. 나는 아기를 낳은 사람들에게 이 책을 선물하곤 한다. 이 책을 읽으면 새 생명이 이 세상에 온 일이 얼마나 놀라운 일인가 생각하게 된다.

많은 엄마들이 이 책을 읽으며 아기가 태어난 때를 떠올린다. 아이가 처음 미소 지을 때, 비틀거리며 일어서고 작은 발을 내딛었을 때, 처음 엄마라고 발음했을 때…. 아이를 키우면서 힘든 일도 많지만, 많은 사람들이 그걸 감내하는 이유는 하나다. 그만큼 행복도 크기 때문이다.

또 한 가지, 나는 이 책을 읽는 엄마들이 놓치기 쉬운 이야기를 해주고 싶다. 당신의 아이뿐만 아니라 당신 또한 세상의 축복을 받을 만한 존재라고. 만일 지금껏 부모에게 사랑받지 못했다면, 그리고 자기 자신을 사랑하지 못했다면, 아이가 태어난 날, 나 또한 다시 태어났다고 생각하자. 마음껏 축복받고, 또 사랑받자. 당신은 충분히 사랑받을 수 있는 사람이다. 그리고 나를 가장 많이 사랑해줄 수 있는 사람은 바로 나 자신이다.

🌱 마음 성장 노트

1. 생명을 잉태했다는 사실을 알게 됐을 때 어떤 느낌이었나요?

2. 아이가 내게로 온 날 나는 어땠나요?

3. 아이를 처음 만난 날, 어떤 아이로 자라기를 소망했나요?

부족한 엄마라서 속상해요

『완벽한 아이 팔아요』

"지금도 예쁜 아이지만, 이 부분만 좀 보완하면 완벽하겠다 싶은 게 있나요?"

엄마들을 대상으로 하는 강의에서 나는 종종 이런 질문을 할 때가 있다. 어린아이를 둔 엄마들은 보통 "밥 좀 잘 먹었으면 좋겠어요."라든지 "생떼가 너무 심해서 그것만 덜하면 살 것 같아요."라며 이런저런 바람을 밝힌다.

아이가 조금 크면 엄마들의 바람도 달라진다. 공부 좀 열심히 하면 좋겠다거나 숙제를 알아서 하면 좋겠다는 등 아무래도 아이들의 학업 성적에 신경을 쓸 수밖에 없다.

"어르신들이 하는 말이, 아이가 어릴 때 평생 할 효도를 다

한다고 하던데, 정말인가 봐요. 요즘은 정말 꼴도 보기 싫어요!"

사춘기 자녀를 키운다는 한 엄마가 한 말에 강연장에 모인 사람들은 한바탕 웃음을 터뜨렸다. 자식은 클수록 마음대로 되지 않는다면서, 해탈한 듯 '너는 너, 나는 나'로 산다는 엄마도 있었다.

생각해보면 참 신기한 일이다. 아기가 태어났을 때는 모든 부모가 그저 건강하기만을 바란다. 아기의 미소 한 번에 시름을 잊고, 옹알이라도 시작하면 세상을 다 가진 듯 기쁘다. 아기가 몸을 뒤집고, 일어나 앉고, 뒤뚱거리며 걷기 시작하는 모든 순간이 부모에게는 행복 그 자체다. 그 시기 아이들은 뭘 해도 칭찬을 받는다.

그런데 아이가 커가면서 부모의 마음도 조금씩 달라진다. 똑똑하다는 옆집 아이처럼 우리 아이도 한글을 얼른 뗐으면 좋겠고, 영어에 흥미를 가졌으면 좋겠다. 공부가 싫다면 그림이든 운동이든 무엇 하나에 재능이 있었으면 싶고, 이것저것 다 떠나서 그냥 말이라도 잘 들었으면 하는 마음이 들기도 한다.

"완벽한 부모는 살 수 없나요?"

그림책 『완벽한 아이 팔아요』(미카엘 에스코피에 글/마티외 모데 그림, 박선주 역, 길벗스쿨)에는 아이를 판매하는 '아이마트' 쇼핑몰이 나온다. 부모들은 그곳에서 마치 물건을 고르듯 원하는 아이를 선택해 구입한다. 아이들은 외모와 나이, 성격, 재능이 저마다 다르다. 음악에 뛰어난 아이도 있고, 타고난 수학 천재도 있다. 심지어 쌍둥이를 특가 세일하기도 한다.

뒤프레 부부도 아이를 사기 위해 아이마트에 간다. 이런저런 아이들을 구경하지만, 사실 그 부부가 찾는 건 '완벽한 아이'다. 판매원의 말에 따르면 완벽한 아이는 너무 인기 있는 모델인데 운 좋게도 재고가 딱 하나 남아 있다. 그렇게 해서 뒤프레 부부는 바티스트라는 아이를 구입하게 되었다.

바티스트는 부부의 마음에 쏙 들었다. 단 것이 이에 나쁘다는 이유로 솜사탕을 사달라고 조르지도 않고, 밥투정도 없다. 말썽 부리는 일 없이 얌전한 데다 엄마 아빠를 찾지 않고 혼자서도 잘 논다. 바티스트는 어디서나 부모의 어깨를 으쓱하게 만들어준다. 동네에서는 예의 바르다고 칭찬받고, 학교에서는 모든 과목에 뛰어나다. 부모의 실수에도 관대하니 뒤프레 부부는 흐뭇할 수밖에!

그러던 어느 날, 바티스트는 엄마 아빠의 착각으로 축제가 아닌 날 축제 의상을 입고 학교에 가게 된다. 아이들의 손가락질에 큰 상처를 받은 바티스트. 집에 오자마자 의상을 집어던지며 화를 낸다. 보통 아이들이라면 얼마든지 할 수 있는 행동이다. 하지만 완벽한 아이를 구입한 엄마 아빠로서는 도저히 참을 수가 없는 일이다. 부부는 잔뜩 화가 나서 바티스트를 데리고 아이마트로 간다. 마트에서는 수리를 제안하고, 부부는 몇 달이나 되는 수리 기간 동안 아이가 보고 싶지는 않을까 망설인다. 이때 판매원은 바티스트에게 새 가족이 마음에 드느냐고 묻는다. 그러자 바티스트는 혹시 완벽한 부모를 찾아줄 수 없느냐고 되묻는다.

판매원은 엉뚱한 생각도 다 한다면서 아이의 말을 간단히 무시한다. 어른들은 각양각색의 아이를 만들어 팔고 사면서 아이가 요구하면 어처구니없는 농담 정도로 치부하고 만다. 우리의 현실을 너무나 잘 반영하고 있는 장면이다.

아이들은 어떤 부모를 원할까?

『완벽한 아이 팔아요』는 밝은 분위기의 귀여운 그림과 달리 생각할 거리를 많이 던져주는 그림책이다. 이 그림책으로 강의를 하면 처음에는 웃음이 피어나던 강의실이 어느 순간 찬물을 끼얹은 듯 조용해진다.

"아이들은 어떨까요? 아이들은 어떤 엄마를 원할까요?"

아이에게 바라는 점을 물었을 때와 달리 이 질문에는 얼른 대답하는 사람이 없다. 한동안 고민에 잠겨 있던 엄마들은 조용히 자신의 생각을 이야기하기 시작한다.

"소리 지르지 않는 엄마요."

"애정을 많이 표현해주는 엄마를 원할 것 같아요."

엄마들은 작은 목소리로 어렵게 대답한다. 대개 말끝이 울음에 섞여 흐려진다. 한구석에서 흐느끼는 사람도 있다.

엄마들이 답하는 내용은 대개 본인이 부족하다고 여기는 점이다. 내가 큰 소리로 혼내는 일이 많아서, 표현에 인색한 엄마라서 아이가 그렇지 않은 엄마를 원할 것이라고 생각한다. 하지만 아이에게는 자기 엄마가 최고다.

얼마 전 가까운 지인이 엄마를 떠나보낸 일이 있었다. 그녀는 나와 같은 연배였으므로, 그 어머니는 연세가 많은 편이었다. 그런데 지인은 "저 이제 엄마 없는 사람이 됐어요."라고 말했다. 그 말에 나도 모르게 눈시울이 붉어졌다. 늘 오롯이 곁에 있어주던 엄마가 더 이상 없다는 사실은 아이에게나 어른에게나 받아들이기 힘든 일이다. '엄마 없는 사람'이라는 말에서 느껴진 텅 빈 마음에 나는 엄마라는 존재의 크기를 다시 한 번 생각하게 되었다.

아이가 원하는 엄마는 '우리 엄마'

『완벽한 아이 팔아요』의 결말은 다행히 해피엔딩이다. 뒤프레 부부는 바티스트를 수리하지 않기로 한 것 같다. 마지막 페이지를 넘기면 세 사람이 솜사탕을 먹으며 행복한 표정으로 걸어가는 그림을 볼 수 있다.

뒤프레 부부가 계속해서 완벽한 아이를 고집했다면 그들은 끝내 진짜 가족이 되지 못했을 것이다. 그저 아이를 마음대로 조종하는 부모와 로봇처럼 살아가는 아이가 있을 뿐. 부모도 아이도 완벽할 수 없다는 점을 인정하고 서로를 있는 그대로 받아들이자 진정한 행복이 찾아왔다.

엄마도 사람인 이상, 아이의 모든 부분이 마음에 들지는 않을 것이다. 때로는 다른 아이와 비교가 되기도 하고, 유별난 아이 때문에 힘들어 죽겠다 싶을 때도 있을 것이다. 그런 생각을 하는 자기 자신이 부족하고 못난 엄마라는 생각에 죄스럽기도 할 것이다. 하지만 내 아이가 기대와 다르다고 해서 다른 아이를 내 아이로 삼고 싶은 엄마는 없다. 우리는 아이가 완벽하지 않아도, 때로는 내 마음과 다르거나 도무지 이해가 되지 않아도 사랑한다. 사랑하기 때문에 이해하려 애쓰고, 행복하게 해주려 노력한다.

아이들 또한 마찬가지다. 아이들은 완벽한 엄마를 원하지 않는다. 때로는 상냥하고 친절한 친구 엄마가 부럽기도 하지만, 아이가 가장 사랑하는 사람은 '우리 엄마'다. 내 아이를 가장 행복하게 해줄 수 있는 사람은 나라는 사실을 잊지 말자.

 마음 성장 노트

1. 나는 완벽한 아이였나요?

2. 내가 어렸을 때 참을 수 없었던 부모의 모습이 있었나요?

3. 지금 내 모습과 비교할 때 겹쳐지는 부분이 있나요?

자꾸 화를 내서
아이에게
상처를 줘요
『엄마가 화났다』, 『고함쟁이 엄마』

상담이 쉬운 과정은 아니지만, 특히 어린 아이와 상담을 진행할 때면 난관에 부딪칠 때가 많다. 어른들은 대개 솔직하지 못해서 문제가 된다면, 어린 아이들은 솔직하게 얘기하려고 하는데 표현에 한계가 있다. 그래서 투사 검사를 하는 경우가 많다. 투사 검사는 내담자 본인도 모르고 있는 심리 상태와 성격 특성 등을 알아보기 위한 것이다. 불특정한 그림을 보여주며 무엇으로 보이는지 묻는 로르샤흐 검사, 특정한 그림을 보여주고 이야기를 만들어내라고 하는 TAT 검사 등이 잘 알려져 있다.

몇 해 전 일곱 살 아이와 상담을 진행한 적이 있다. 그 아이 역시 말로 자신의 감정을 전부 설명하지 못했기에 HTP 검사를 하기로 결정했다. HTP 검사는 수검자에게 집House, 나무Tree, 사람Person을 그리게 한 뒤 그림을 바탕으로 심리를 알아보는 대표적인 투사 검사다.

아이는 한 사람을 그리고, 그 사람의 손을 까맣게 칠했다. 미술치료 분석법에 따르면 특정 부분이 강조되거나 신체 일부를 검게 표현하면 그 부분을 예의주시할 필요가 있다. 내가 아이에게 "이 사람은 손이 왜 이렇게 까매?" 하고 묻자 아이는 "손이 나쁜 짓을 해서요."라고 대답했다. 아이의 엄마와 상담을 하며 검사 소견을 전했더니, 엄마는 아이와 갈등이 있을 때마다 자신도 모르게 아이의 등을 찰싹 때린다고 고백했다. 엄마와 아이 모두에게 계속 상담이 필요한 상황이었다. 두 사람은 일주일에 한 번씩 각자 나와 시간을 가졌다.

밤에만 친절해지는 엄마

세 번째 상담 시간이 되었을 때 나는 아이에게 엄마를 그려 달라고 부탁했다. 투사 검사가 아니라 아이가 생각하는 엄마의 모습을 알고 싶었다. 그림 속의 엄마는 화사한 분홍색 옷을 입고 앉아 있었다. 그 뒤로 창문이 하나 있었는데 창문 밖에 별과 달이 보였다.

"엄마가 예쁜 옷을 입었네? 그런데 밤에 왜 이렇게 예쁜 옷을 입었을까?"

내 질문에 아이는 "우리 엄마는 밤의 엄마예요."라고 말했다. 그러고는 더 이상 설명하지 못했다. '밤의 엄마'라는 게 대체 무슨 의미일까? 엄마와 상담하면서 그 의미를 알게 되었다.

"제가 밤에는 아이에게 잘해줘요. 낮에 때린 게 미안해서… 안아주기도 하고 아이가 좋아하는 간식을 만들어주기도 하고요."

아이 엄마는 낮과 밤에 아이를 대하는 태도가 크게 다르다고 말했다. 아이가 '밤의 엄마'라고 말한 까닭은 낮에 보이는 엄마의 모습이 너무나 무서웠기 때문이다.

많은 엄마들이 밤이 되면 반성의 시간을 갖는다고 농담처럼 말한다. '그 순간에 소리 지르지 말걸', '조금만 더 참을걸', '많이 놀아줄걸.' 잠든 아이의 모습을 보면 후회막심이다. 큰소리 한 번 안 치고 아이를 키우기란 사실 쉽지 않다. 다만 낮과 밤의 온도차가 일반적이지 않으면 문제가 된다. 낮에는 아이가 눈치를 볼 정도로 혼내고 때리다가 밤만 되면 갑자기 잘해주는 엄마를 보며 아이가 느끼는 감정은 바로 '혼란'이다.

아이의 심리 발달 단계에서 '엄마는 날 혼내기도 하지만 나를 사랑하는 사람이야'라는 대상 항상성을 확립하는 것은 매우 중요하다. 그런데 내가 상담했던 아이의 경우 대상 항상성을 가질 수 없었고, 그에 따라 무척 불안감이 큰 상태였다. 엄마가 또 어떻게 변할지 모르니까. 가장 편안하게 쉬어야 할 엄마의 품이 아이에게는 가시방석 같았다.

그림책 『엄마가 화났다』(최숙희 글/그림, 책읽는곰)에는 아이에게 화를 내는 엄마와 그런 엄마를 보는 아이의 마음이 잘 표현되어 있다. 사실 책에 등장하는 산이의 행동에 그저 허허 웃을 수 있는 엄마는 별로 없을 것이다. 좋아하는 짜장면을 시켜주었더니 옷과 식탁 위는 물론 주위를 난장판으로 만들고, 씻으라고 했더니 욕실을 거품투성이로 만든 채 온갖 청소도구를 꺼내 가지고 논다. 방에 들어가서 조용히 논다고 해도 안심할 수가 없다. 크레파스와 물감을 모두 꺼내서는 벽지와 장판에 낙서를 가득 해버린다.

책 속 그림을 보면 누구든 한숨이 절로 나온다. 그림만으로도 이렇게 머리가 복잡해지는데 실제로 눈앞에 그 장면이 펼쳐진다면 어떨까? 자기도 모르게 화가 치미는 것이 어쩌면 자연스러운 현상이다. 산이의 행동을 보고 산이 엄마가 하는 말이 어찌나 현실감 있는지, 이 책을 본 엄마들은 입을 모아 "제가 아이에게 했던 말을 그대로 쓴 것 같아요."라고 말한다.

엄마의 분노는 점점 심해지다가 결국 폭발해버린다. "내가 진짜 너 때문에 못살아!" 하고 소리치며 불같이 화를 내는 엄마의 모습에 산이는 공포에 사로잡힌다. 가슴이 뛰고, 손발이 떨리고, 나중에는 숨도 쉬기 힘들 만큼 무서워한다. 그러다가 결국 산이는 사라져버린다. 깜짝 놀란 엄마는 산이를 찾으러 다니기 시작한다.

　　엄마는 허허벌판을 지나 높고 낮은 산을 넘고, 부글거리는 거품 호수를 건너고, 가파른 절벽을 기어오르지만, 산이는 보이지 않는다. 산이가 좋아했던 짜장면과 비누거품, 미술도구가 아이와 같은 모습으로 나타나 산이가 느꼈던 감정을 이야기한다. 엄마가 가만히 좀 있으라고 할 때마다 얼마나 가슴이 답답해지는지, 버럭 소리를 지를 때마다 자신의 존재가 얼마나 작아지는지, 너 때문에 못살겠다고 할 때면 얼마나 슬픈지….

　　결국 산이 엄마는 어디에 있는지 모를 아이에게 미안하다 말하며 참았던 울음을 터뜨린다. 밝은 노란색에 화사한 꽃무늬가 가득했던 치마는 후회와 두려움으로 가득한 엄마의 감정을 반영하듯 어두운 잿빛으로 변해 있다. 그런데 그때, 엄마의 치맛자락 밑에서 산이가 고개를 쏙 내밀며 엄마를 부른다. 아이가 나타나자 치마는 본래의 환한 빛깔로 돌아오고, 두 사람은 서로를 꼭 끌어안는다.

누구나
실수하고 후회한다

　　나는 아직까지 화를 한 번도 내지 않고 아이를 키웠다는 엄마를 만나본 적이 없다. 아무리 사랑이 넘친다고 한들 어떻게 화 한 번을 안 낼 수가 있겠는가. 다만 화를 낸 정도, 그리고 원인에 대해서는 곰곰이 생각해봐야 한다. 아이의 잘못에 비해 과하게 화를 낸 것은 아닐까? 다른 일로 인해 쌓인 감정을 아이에게 쏟아낸 것은 아닐까?

어떤 감정이든 나쁜 감정은 없지만 감정을 표출하는 데는 조절이 필요하다. 앞뒤 생각하지 않고 아무 말이나 뱉어내고 나면 아이는 물론 자신의 마음에도 상처가 남는다. 마음과 달리 모진 말로 아이를 아프게 했다면 반드시 사과해야 한다. 아이에게 사과하는 것은 부끄럽거나 민망한 일이 아니다. 잘못을 인정하고 진심으로 사과하는 것, 더 이상 실수하지 않기로 약속하고 그 약속을 지키려고 노력하는 태도야말로 어른다운 모습이다.

산이에게 상처를 주었던 엄마의 말은 진심이 아니었다. 산이 때문에 못살겠다던 엄마는 사실 산이를 너무나도 사랑했다. 다행히 산이도 그것을 알고 있었다. 엄마가 화를 내도 아이들은 엄마가 자신을 사랑한다고 믿으며 엄마 품을 찾는다. 그토록 찾아 헤맨 산이가 엄마의 치맛자락에서 발견된 장면은 산이에게 엄마는 여전히 가장 안전하고 포근한 안식처라는 의미다.

강의 중에 이런 이야기를 하면 많은 엄마들이 눈물을 훔친다. 상담자와 내담자 관계로 만난 어떤 엄마는 내게 이렇게 묻기도 했다.

"교수님, 저는 어쩌죠? 아이에게 그토록 엄마 사랑이 필요할 때, 너무 힘들어서 아이를 따뜻하게 품어주지 못했어요. 아이한테 상처가 남은 것 같아요. 가끔 그 생각을 하면 너무 미안해요…. 이제 아이가 많이 커버렸고, 다시 그때로 돌아갈 수도 없는데, 우리 아이 마음은 어떻게 치유해주나요?"

그녀는 연신 눈물을 닦아내다가 결국 소리 내어 엉엉 울었다. 그 마음을 너무나 잘 알기에 나도 그녀와 함께 울었다.

나 역시 큰아이가 어릴 때 많은 상처를 준 사람이다. 아이 마음을 읽어주기는커녕 항상 내 생각과 방식을 강요했다. 아이가 엄마를 가장 필요로 하는 시기에 따스하게 품어주지 못한 죄로, 이후에 훨씬 많은 노력을 해야 했다. 지금도 여전히 아이를 대할 때는 많이 듣고, 많이 참고, 많이 이해하고, 많이 다독이고, 많이 품어주려고 애쓴다. 아이가 어릴 때는 편안한 안식처가 되어주지 못했지만, 이제는 언제든 기댈 수 있는 엄마가 되었다고 생각한다.

『엄마가 화났다』에서 산이 엄마의 험난한 여정은 엄마들이 아이를 키우면서 겪는 수많은 어려움을 뜻한다. 우리는 아이를 키우면서 매번 실수하고 후회한다. 그렇게 수많은 시행착오를 겪으면서 엄마도 조금씩 더 나은 엄마가 되어간다.

지나간 시간보다
남은 시간이 더 많다

그림책 『고함쟁이 엄마』(유타 바우어 글/그림, 이현정 역, 비룡소)

에는 귀여운 엄마 펭귄과 아기 펭귄이 등장한다. 책의 첫 페이지를 보면 무슨 일인지 엄마가 아이에게 소리를 지르는데, 엄마의 고함 소리에 놀란 아기 펭귄은 온몸이 산산조각 나서 흩어져버린다. 머리는 우주로, 몸은 바다로, 날개와 부리, 꼬리마저 어딘가로 날아가고, 남아 있는 두 발만 부지런히 움직인다.

엄마의 격한 감정에 아이들은 위축된다. 몸이 조각나 흩어지는 그림은 아이의 존재가 부서졌다는 의미를 내포한다. 『엄마가 화났다』에도 비슷한 표현이 나온다. 거품으로 이루어진 부글이가 산이 엄마에게 "엄마가 버럭 소리를 지를 때마다 내 거품이 툭툭 터져버려요."라고 말하는 장면이다.

아기 펭귄은 어떻게든 자기 모습을 되찾아보려고 하지만 막막하기만 하다. 몸을 찾아볼 눈도, 소리를 지를 부리도 없으니 답답할 수밖에. 엄마로 인한 상처를 회복하지 못하고 정처 없이 떠도는 아기 펭귄의 두 발이 참으로 애처롭게 느껴진다. 어두운 하늘에 달처럼 떠서 눈을 굴리는 머리와 산처럼 삐죽이 솟아 있는 부리를 보며 아이들은 깔깔 웃지만, 이 책은 엄마들의 마음을 철렁 내려앉게 한다. 아이에게 한 번이라도 냅다 소리를 질러본 엄마라면 누구나 그럴 것이다.

종일 이리저리 걷느라 지쳐서 사막에 도착한 두 발 앞에 엄마 펭귄의 모습이 보인다. 그림 속 엄마 펭귄은 아기 펭귄의 머리와 부리, 몸과 날개를 꿰매고 있다. 산산이 부서지고 흩어진 상처를 봉합할 수 있는 사람은 결국 엄마였던 것이다.

제 모습으로 돌아온 아기 펭귄에게 엄마 펭귄은 "아가야, 미안해."라고 말한다. 그런 엄마를 바라보는 아기 펭귄의 얼굴은 미소로 가득하다. 진심 어린 사과 한마디가 아이의 마음을 토닥토닥 위로해주었다. 아이는 아직 스스로를 치유할 수 있는 능력이 없다. 상처받은 아이의 마음을 보살펴야 하는 사람, 그래서 아이를 웃게 해줄 수 있는 사람은 엄마이다. 엄마는 아이에게 그런 존재다.

지난날 아이에게 준 상처로 괴로워하는 모든 엄마들에게 여기에서 소개한 두 책을 권하고 싶다. 과거는 되돌릴 수 없지만, 우리에겐 앞으로 주어진 날들이 더 많다. 늦었다고 생각한 때가 가장 빠른 때라고들 한다. 아이가 어린 시절 받은 상처를 보듬어주려면 오랜 시간 많은 노력을 쏟아야 하겠지만, 엄마가 포기하지 않는다면 아이의 마음에 남은 상처도 조금씩 치유될 것이다.

마음 성장 노트

1. 아이의 온몸이 날아갈 정도로 소리를 지른 적이 있나요?

---

2. 아이가 어떤 행동을 할 때 심하게 화를 내나요?

---

3. 아이의 온몸이 다시 제자리를 찾고 다시 엄마랑 함께하게 됐을 때 아이의 기분은 어땠을까요?

나는 왜 네 훈장을
내 것이라고
착각했을까?

『메두사 엄마』, 『비움』

아이가 초등학교에 들어가고 고학년이 되면 엄마들 사이에 눈에 보이지 않는 서열이 생긴다. 그중 가장 지위가 높은 엄마는 공부 잘하는 아이를 둔 엄마다. 이런 현상은 아이들이 중학생이 되고 고등학생이 되면서 더 심해진다. 엄마들은 1등을 하는 아이가 어떤 학원에 다니는지, 집에서는 어떤 식으로 공부를 시키고 컨디션은 어떻게 관리하는지 궁금해한다. 정보를 얻기 위해 온갖 노력을 다하는 엄마들도 있다. 1등인 아이가 과외를 받는다고 하면 그 그룹에 자기 아이를 밀어넣기 위해 눈치 싸움을 벌이기도 한다.

얼마 전 이런 세태를 풍자한 드라마 〈스카이캐슬〉이 큰 인기를 끌었다. 드라마는 상류층 부모들이 자녀를 좋은 대학에 보내기 위해 갖은 수를 쓰는 모습을 적나라하게 보여준다.

드라마에는 과거를 숨기고 신분을 세탁한 뒤 잘나가는 의사와 결혼한 여성이 등장한다. 모두가 부러워할 만한 좋은 집안의 며느리 자리를 차지했다는 기쁨도 잠시, 거짓된 삶은 항상 그녀를 초조하게 할 뿐이다. 그녀는 유명한 의사 집안의 명맥을 잇고 자신을 못마땅하게 생각하는 시어머니의 인정을 받기 위해 딸아이를 국내 최고 의대에 보내려고 애쓴다. 그것만이 자신의 존재감을 증명하는 유일한 길이라고 믿고 있다.

이 중대한 목표 앞에서 법이나 도덕은 간단하게 무시된다. 그녀는 혹시 모를 상황에 대비하기 위해 이웃의 비리를 알면서도 진실을 말하지 않고, 그런 엄마를 보면서 아이는 점점 혼란에 빠진다. 나쁜 짓도 서슴지 않는 주위 어른들과 달리 그 아이는 자신이 해서는 안 될 일을 하고 있음을 인식하고 있다. 아이의 내면에는 어떻게 해서든지 이기고 싶다는 마음과 이렇게 하면 안 된다는 마음이 공존한다. 그 감정이 소화되지 않아 정신질환까지 생기게 된다.

드라마는 해피엔딩으로 끝난다. 주인공들은 모두 자신의 잘못을 뉘우치고 아이를 욕망의 대상이 아니라 존재 자체로 바라보기 시작한다. 그래도 나는 찜찜한 기분을 떨칠 수가 없다. 드라마는 끝이 났지만 부모가 아이를 자신의 훈장처럼 여기는 현실은 여전히 계속되고 있기 때문이다.

나는 너무 늦게
깨달았다

　다 자란 딸을 바라보며 가끔씩 생각에 잠길 때가 있다. 아이가 어렸을 적 내가 저지른 실수와 잘못을 떠올리면 아이에게 평생을 사과하며 살아도 모자라겠다는 생각이 든다. 나는 잘하고 있는 아이를 어지간히 닦달했다. 더 잘하라고, 잘할 수 있다고 몰아붙였다. 아이가 다니는 학교에 갈 때면 발걸음이 가벼웠다. 아이는 누가 봐도 똑똑했다. 선생님들과 다른 엄마들이 하나같이 우리 아이를 칭찬했다. 그럴수록 욕심이 생겼다. 내가 살면서 이루지 못한 꿈을 내 아이는 이룰 수 있을 것만 같았다.

　왜 나는 네 훈장을 내 훈장이라고 착각했을까? 부러움 가득한 시선을 즐기고 나도 모르게 어깨에 힘이 들어가는 걸 느끼면서도 왜 네 마음이 무너져가고 있다는 건 알아채지 못했을까? 너는 나와 다른 독립된 존재이며, 너는 너의 길을 걸어야 한다는 사실을 왜 그때는 몰랐을까?

　과거의 나와 같은 실수를 저지르고 있는 엄마들을 만날 때면 몹시 안타깝다. 아이는 부모의 소유물이 아니라는 사실, 아이의 삶이 내 삶이 아니라는 사실을 깨닫게 되기를 간절히 바란다. 아이를 위해서만이 아니라 엄마 자신을 위해서이기도 하다. 아이와 자신을 건강하게 분리시키지 못하면 아이는 물론 엄마도 불행해질 수 있기 때문이다.

아이의 삶을 마치 자기 것인 양 좌지우지하려는 부모가 많다. 심지어 아이가 성인이 돼 가정을 꾸린 뒤에도 품 안에 끼고 있던 시절처럼 자식을 대한다. 자식을 쥐고 흔들면서 모든 것을 부모 뜻대로 하도록 강요하는 사람마저 있다.

엄마에게 아이는 너무 소중한 존재다. 하지만 아이가 귀하다고 해서 언제까지고 끌어안고 있을 수는 없다. 엄마 품에서 자라던 아이는 어느 시기가 되면 사회로 나아가야 한다. 점점 관계를 확장하고 자기만의 영역도 확보해야 한다. 누구나 자기 몫의 인생길을 자기 발로 걸어가야 한다. 누구도 대신해줄 수 없다.

나는 엄마들에게 말한다. 떠나보내야 할 때 과감히 보내라고. 우리가 해야 할 일은 아이를 믿고 떠나보낼 수 있도록 아이의 역량을 키워주는 일이다.

보호와 통제 사이

『메두사 엄마』(키티 크라우더 글/그림, 김영미 역, 논장)에는 아이가 너무 소중해서 놓지 못하는 엄마가 나온다. 본래 신화 속에 등장하는 메두사는 머리카락 한 올 한 올이 모두 뱀으로 되어 있어 사람들이 두려워하는 괴물이다. 그림책 속의 메두사 또한 온몸을 덮을 만큼 길고 풍성한 머리카락을 갖고 있다.

이 책의 첫 장면은 깜깜한 밤에 급히 발걸음을 옮기는 두 여인의 모습이다. 외딴 곳에 살고 있는 메두사는 긴 산통 끝에 두 여인의 도움으로 딸 이리제를 낳는다. 이리제는 엄마의 머리카락 속에서 무럭무럭 자란다. 무서운 메두사 엄마가 있어 아무도 이리제에게 다가가지 못한다. 메두사 엄마는 '진주를 품은 조가비'처럼 흠 하나 생기지 않도록 이리제를 보호한다.

모녀는 행복하지만, 아이의 시선은 점점 엄마를 벗어나 다른 곳으로 향한다. 이리제 또한 다른 아이들처럼 친구들과 어울리고 싶었던 것이다. 메두사 엄마는 아이의 마음을 알면서도 외면한다. 계속해서 자신의 곁에 두고 공부도 직접 가르치며 이리제가 다른 누구와도 접촉할 수 없도록 지킨다. 굳게 닫힌 조가비는 위험을 막아주는 안전한 울타리인 동시에 세상과 격리된 공간인 셈이다.

그런 엄마의 눈에 어느 날 딸의 쓸쓸한 뒷모습이 들어온다. 고민 끝에 메두사 엄마는 결국 이리제를 학교에 보낸다. 그리고 또 한 번 놀라운 일이 일어난다. 북적이는 하굣길, 메두사 엄마가 머리카락을 싹둑 자르고 나타난 것이다. 부모와 함께 있는 아이들 사이에서 시무룩한 표정으로 걸어 나오던 이리제는 엄마를 보자마자 와락 안긴다. 엄마 품에 안긴 아이의 웃음은 세상을 다 가진 것처럼 행복해 보인다.

무슨 까닭인지 세상과 단절된 채 살던 메두사 엄마는 사랑이라는 이유로 아이마저 자신의 영역 안에 가두었다. 하지만 결국 마음을 바꾸고, 자신 또한 아이와 함께 세상 속으로 향한다. 머리카락을 자른 행위는 아이를 보호한다는 명목으로 세워둔 울타리를 걷어내겠다는 의미다. 그 결정을 내리기까지 메두사 엄마는 얼마나 망설였을까? 그럼에도 불구하고 메두사 엄마가 아이를 학교에 보낼 수 있었던 것은 아이를 진정으로 사랑했기 때문이다. 세상이 너무 험하다는 이유로, 아이가 상처받을까 겁이 난다는 이유로 아이의 삶을 지나치게 통제한다면 아이는 결코 행복할 수 없다.

자식의 성공이 내 성공?

나는 수많은 친구와 지인, 그리고 내담자들이 '빈 둥지 증후군'에 시달리며 힘겨워하는 모습을 보았다. 자녀가 독립해서 집을 떠난 뒤에 찾아오는 상실감은 아이를 키우느라 애썼던 모든 엄마들이 경험하는 감정이지만, 아이에게 열정적으로 매달린 엄마일수록 그 정도가 심하다. 특히 긴 시간 오로지 자녀의 성공을 위해 노력을 쏟았던 엄마들은 깊은 우울감을 느낀다.

동네 엄마들의 부러움과 질투를 한몸에 받았다는 내담자가 있었다. 그녀는 두 아들을 물심양면으로 지원하며 뒷바라지한 끝에 국내 최고의 대학에 입학시켰고, 아들들은 엄마의 바람대로 모두가 선망하는 전문직 종사자가 되었다. 한동안은 정말 뿌듯했다고 한다.

"다들 저더러 '위너'라고 하더라고요. 어딜 가든 저보다 행복한 사람은 없는 것 같았어요."

그런데 그 기쁨도 그리 오래가지 않았다. 큰아들은 직장 근처로 방을 얻어서 나가게 되었고, 작은아들은 일이 많다며 새벽에 나갔다가 늦은 밤에 들어왔다. 남편은 남편대로 자기 스케줄로 바빴다. 친구들을 만나 시간을 보내는 것도 하루이틀이지, 갑자기 넘쳐나는 시간을 어떻게 보내야 할지 감을 잡을 수 없었다. 사람들은 운동을 하라거나 악기를 배워보라고 조언했지만 도무지 의욕이 생기지 않았다.

그녀는 아이들을 챙기느라 정신없이 바빴던 시기를 그리워했다. 새벽같이 일어나 아침상을 차리고, 큰아들의 와이셔츠를 다리고, 작은아들을 위해 입시 설명회를 들으러 다니며 밤이면 한약을 데워서 먹이던 그때가 좋았다고 말했다. 누구보다 공들여 자식을 키운다고 자부하던 시절, 그녀는 늘 뒤늦었다.

"아이들이 성공하면 내 인생도 성공이지."

아이의 성공을 자신의 성공과 동일시했던 내담자는 뒤늦게 자신의 생각이 틀렸음을 알게 되었다. 그 사실을 알면서도 인정하기가 너무나 힘들었다. 자기 삶에 막상 자기 자신은 없었던 30년간의 세월이 허무해질까봐 그 사실을 부정하고 싶었다.

'나'로 산다는 것

나는 엄마들에게 '나'로 살라고 이야기한다. 자녀가 독립한 뒤 제2의 사춘기를 겪듯 정체성의 혼돈에 빠지고 마는 엄마들을 보면 안타까운 마음이 크다. 엄마에게 있어 아이는 누구보다 중요한 존재이고, 아이를 잘 키우는 것은 분명 가치 있는 일이다. 그러나 인생의 중심은 자기 자신이어야 한다. 아이와 나를 동일시한 채 살다보면 언젠가는 오롯이 '나'와 마주해야 하는 날이 온다. 인생에서 본인의 영역이 없다면 그 순간 자기 자신이 무가치하게 느껴질지도 모른다.

빈 둥지 증후군을 앓는 내담자들에게 나는 그림책 『비움』(곽영권 글/이보나 흐미엘레프스카 그림, 고래뱃속)을 추천해준다. 텅 빈 책상에서 시작되는 이 책은 독자에게 계속해서 질문을 던진다. 비어 있다는 건 슬프고 쓸쓸하고 이상한 것인가? 사람들은 왜 자꾸만 채우려고 할까? 과연 더 많이 먹고 구매하고 소유하는 것이 행복인가? '비어 있음'이란 실은 무엇이 존재하기 위한 가장 기본적인 상태라고, 작가는 이야기한다. 마당이 비어 있어야 아이들이 뛰놀 수 있고, 마음이 비어 있어야 좋아하는 사람이 들어올 수 있듯, 무언가를 비운다는 것은 무언가를 담을 수 있게 된다는 뜻이기도 한다.

곽영권 작가의 글에는 동양적인 세계관이 드러나 있다. 서양의 관점에서 비어 있다는 것은 아무것도 없다는 뜻과 같다. 하지만 동양에서 비어 있음은 불교의 공(空)과 같은 개념이다. 비어 있는 것이야말로 가득 찬 것이라는, 결코 이해하기 쉽지 않은 개념을 『비움』은 짧은 글과 그림으로 보여주고 있다. 나뭇결과 옹이의 흔적, 이음새 등 책상 위의 무늬가 멋진 그림이 되는 장면도 이 책의 묘미이다.

아이가 곁을 떠난다 해도 그것이 엄마와 아이의 단절을 의미하는 것은 아니다. 지금껏 잘해왔기에 주어지는 쉼표 같은 시간, 텅 빈 마음을 슬퍼하는 대신 더 큰 행복으로 채워나가길 바란다. 더 많은 세월이 흐른 뒤에 다시금 인생을 돌아봤을 때 후회하지 않도록.

아이를 보면 자꾸만 조급해져요

『점』, 『씨앗 100개가 어디로 갔을까』

비교만큼 사람을 좀먹는 감정이 또 있을까? 부러움과 질투는 때로 열심히 살아가는 힘이 되기도 하지만, 지나친 비교는 좌절감과 열등감을 불러온다. 비교를 일삼는 사람들은 주위를 둘러보며 왜 나는 저 사람 같은 행운이나 재능, 배경이 없을까 괴로워한다. 언제나 타인을 기준으로 자신의 삶을 바라본다. 자기보다 잘나 보이는 사람을 보며 스스로를 불행하다고 여기고, 반대로 자기보다 더 힘들어 보이는 사람을 보면서 "나는 이 정도면 행복해." 하고 위안을 얻는다. 남과의 비교로 자신의 위치를 가늠하는 습관은 부모가 되어서도 없어지지 않는다.

'무자식 상팔자'라는 옛말이 있다. '가지 많은 나무에 바람 잘

날 없다'는 속담도 있으니 먼 옛날부터 부모에게 있어 자식은 근심거리였던 모양이다. 부모들은 아이를 낳으면 큰 기쁨을 느끼는 동시에 걱정에 휩싸인다. 이토록 험한 세상에서 이 조그마한 생명이 건강하고 무탈하게 자랄 수 있을지, 이 아이가 세상에 나가 제 몫을 하며 살도록 잘 키워낼 수 있을지…. 무거운 책임감과 함께 막막한 기분이 드는 것이다.

아이가 자랄수록 부모는 더 많은 고민을 하게 된다. 아이의 친구관계와 성적은 물론, 어떤 분야에 흥미와 재능을 갖고 있는지 관심 있게 지켜봐야 한다. 생활습관과 예의범절을 훈육하고 살아가는 데 필요한 지혜를 알려주어야 한다, 부모가 신경 써야 할 게 한두 가지가 아니다. 사춘기가 되어 무기력하거나 삐딱하게 구는 아이를 보면 어릴 때 아이 돌보느라 몸고생한 것은 아무것도 아니었다는 생각이 든다.

처음에는 "건강하게만 자라다오!"를 외쳤던 부모들도 시간이 갈수록 생각이 달라진다. 아이가 일등이 되지는 못하더라도 남들만큼은 했으면 하는 마음, 우등생은 아니더라도 무엇 하나는 잘했으면 하는 바람, 친구들과 두루두루 잘 어울리며 리더십을 발휘했으면 좋겠다는 소망이 생긴다. 어쩌면 자연스러운 것이다. 어린 아이를 제 앞가림을 하며 살아가는 성인으로 키워내야 하는데, 부모로서 어떻게 고민이 없을 수가 있겠는가. 다만 걱정이 지나쳐 아이의 속도와 단계를 무시하고 다른 아이와 비교하기 시작하면 부모와 아이 모두 힘들어진다.

아이가 커갈수록
불안도 커지고

"저희 아이 이대로 괜찮을까요? 저희 아이랑 같은 날 태어난 조리원 동기 아이는 벌써 한글을 다 뗐던데…."

아이 교육에 있어 느긋했던 엄마가 갑자기 초조해지는 이유는 십중팔구 '비교'다. 다른 아이들은 신통방통하게도 스스로 한글을 떼고 영어 문장을 읊는다는데 이러다 내 아이만 뒤처지는 게 아닐까 걱정이 되는 것이다. 뭐라도 해야 할 것 같은 압박감에 이것 저것 알아보지만 뭘 해야 할지 쉽게 감이 잡히지 않는다. '엄마들 사이에서 평이 좋다는 전집을 구입할까? 방문 교사는 어떨까? 영어유치원은 못 보내더라도 학원 정도는 보내야 하는 게 아닐까?' 마음이 굳건했던 엄마들도 갈대처럼 흔들리기 시작한다.

사교육 시장은 엄마들의 불안감을 잘 알고 이용한다. "강남에는 집집마다 이 전집이 다 있어요." "여섯 살이면 얼른 시작하셔야죠! 이미 늦었어요." 판촉사원의 말에 엄마들은 무너지고 만다. 사교육이 나쁘다는 게 아니다. 영어유치원이든 학원이든 학습지든 필요하다고 생각하면 당연히 이용할 수 있다. 다만 아이를 유심히 관찰하고 판단해서 실행하는 게 아니라 '남들도 다 한다고 하니까'

무작정 하고 보는 건 현명한 선택이 아니다.

아이가 학교에 들어가면 부모의 시름은 더욱 깊어진다. 슬슬 공부를 좀 하면 좋으련만, 아이는 여전히 노느라 바쁘다. 어떤 엄마는 아이가 고학년이 되면서 '웬수'가 되는 것 같다고 하소연을 했다. 해맑고 씩씩하고 예뻤던 아이가 어느 순간부터 한심해 보이더란다.

"교수님, 저는 애한테 공부하라고 강요하고 싶지 않아요. 공부에는 전혀 관심이 없더라고요. 그냥 뭐라도 하나 소질을 보이면 좋겠는데, 저희 아이는 딱히 잘하는 게 없어요. 운동신경도 없고, 그림은 두 살 어린 동생보다 못한 수준이에요."

아이가 초등 고학년이 되면 대부분의 엄마가 이렇게 말한다. 사실 아이는 변한 게 없다. 엄마의 시선이 변했을 뿐이다. 딱히 부족한 점이 없는 아이도 주위의 뛰어난 아이들과 비교해서 보면 많이 부족해 보인다. 이런 부모의 시선이 어느덧 아이를 '부족한 아이'로 만든다는 것이 진짜 문제다.

점 하나가
뛰어난 작품이 되기까지

그림책 『점』(피터 레이놀즈 글/그림, 김지효 역, 문학동네)에는 그림에 소질이 없는 아이 베티가 등장한다. 학교에 다니는 베티는 미술 시간 내내 아무것도 하지 않는다. 미술 선생님은 베티 앞에 놓인 하얀 도화지를 한참 동안 들여다본 뒤 눈보라 속에 있는 북극곰을 그렸냐며 상냥하게 말을 건넨다. 하지만 베티는 "전 아무것도 못 그리겠어요!"라고 소리친다.

미술 선생님은 베티의 뾰족한 반응에도 개의치 않고 웃으며 이야기한다. 어떤 것이든 시작해보라고, 그냥 하고 싶은 대로 해보라고. 그러자 베티는 연필을 손에 쥐고서 도화지 한가운데에 힘껏 내리꽂고는 "여기요!"라고 해버린다. 다분히 반항적인 그 모습에 화가 날 법도 한데, 미술 선생님은 까만 점 하나만 덩그러니 찍혀 있는 도화지를 살펴보고는 거기에 이름을 쓰라고 말한다. 그림은 못 그리지만 이름 정도는 쓸 수 있다며 자기 이름을 적는 베티.

일주일이 지난 뒤, 베티는 놀라운 광경을 목격한다. 미술 선생님이 베티의 점 그림을 멋진 액자 안에 넣어 자신의 책상 위에 걸어두었기 때문이다. 그냥 점 하나 찍었을 뿐인데 작품처럼 전시하다니…. 어쩐지 아쉽다는 생각이 든 베티는 그때껏 한 번도 건드리지 않았던 물감을 꺼내 다시 점을 그리기 시작한다. 여러 가지 색깔과 크기로 점을 그리는 일이 너무나 재미있어서, 베티는 쉬지 않고 그림 그리기에 몰두한다. 색깔을 섞어보기도 하고, 엄청나게 큰 도화지에도 그려본다. 그저 동그라미를 찍는 것이 아니라 다양한 방법으로 점을 만드는 방법까지 생각해낸다.

학교에서 미술 전시회가 열린 날, 베티의 작품들은 큰 관심과 찬사를 받는다. 베티는 자신의 그림을 열심히 쳐다보는 한 아이를 만난다. 그림을 잘 그리고 싶지만 선 하나도 똑바로 긋지 못한다는 그 아이에게 베티는 하얀 도화지를 건넨다. 미술 선생님이 베티에게 그랬던 것처럼.

아이에게 절대 해서는 안 되는 말

베티가 그림을 그리지 않았던 이유는 간단하다. 아무것도 못 그리겠어서 아무것도 그리지 않은 것이다. 미술시간 내내 찌푸린 표정으로 도화지를 외면했던 베티는 정말로 그림을 못 그리는 아이였을까? 아직 어린 그 아이는 왜 스스로를 '그림 못 그리는 사람'으로 단정 지은 것일까?

어른들이 무심코 하는 말은 아이의 마음에 깊이 남는다. 지나가면서 하는 말이든 농담이든, 몇 번 들으면 아이에게는 기정사실이 되어버린다. 베티가 도화지 앞에서 꼼짝도 할 수 없었던 마음의 밑바닥에는 "애는 그림에는 소질이 없어."라는 어른들의 말이 깔려 있을지 모른다.

어른들은 자신의 기준으로 어린아이들을 성급하게 판단한다. 운동은 영 꽝이라고, 문과 체질이라고, 공부 머리가 아예 없는 것 같다고. 심지어 잘하는 게 하나도 없다거나 싹수가 노랗다는 막

말을 하기도 한다. 그런 말을 들으며 자란 아이는 자신감은 물론 가능성마저 빼앗기고 만다.

아이의 인생이 어떻게 펼쳐질지는 아무도 모른다. 어떤 아이는 일찍 관심사를 찾고 어릴 때부터 재능을 뽐내기도 하지만, 어떤 아이는 조금 늦게 발견하기도 한다. 이리저리 방황하다가 뒤늦게 꿈을 이루는 대기만성 유형도 있다. 아이들이야말로 하얀 도화지와 같다. 도화지 위에 점을 찍고, 마음껏 그림을 그릴 수 있도록 격려하고 응원하는 것이야말로 어른들의 역할이다. 특히 부모라면 이 점을 잊어서는 안 된다.

조급해질 때마다
꺼내 보면 좋은 문장

그림책 『씨앗 100개가 어디로 갔을까』(이자벨 미뇨스 마르틴스 글/야라 코누 그림, 홍연미 역, 토토북)에는 소나무 한 그루가 나온다. 소나무는 겨울의 혹독한 추위와 여름의 무더위를 묵묵히 견뎌낸다. 품고 있는 씨앗을 날려 보낼 완벽한 하루를 기다리는 것이다.

기분 좋은 바람이 부는 어느 날, 소나무는 100개의 씨앗을 날려 보낸다. 씨앗들이 좋은 곳에 자리를 잡고 튼튼한 나무가 되기를 바라고 또 바라면서. 그러나 씨앗들은 계속해서 난관에 봉착한다. 어떤 씨앗은 도로 한복판에 떨어지고, 어떤 씨앗은 강물에, 그리고 바위 위에 떨어진다. 새에게 먹혀버린 씨앗도 많다. 벌레랑 다람쥐가 씨앗을 먹어버리고, 어떤 씨앗은 아이가 날름 집어 간다. 소나무가 날려 보낸 씨앗은 10개밖에 남지 않았다. 그런데 그중 일곱 개는 물이 부족해 죽는다. 겨우겨우 살아난 하나의 씨앗만이 어린 나무가 되었다.

다행이다 싶은 마음도 잠시, 토끼 한 마리가 가늘고 작은 나뭇가지를 냠냠 먹어버리고 만다. 이쯤 되면 책을 읽는 사람이 속상해진다. 감정이입을 잘하는 아이들은 이 대목에서 거의 울먹거릴 정도다. 엄마들도 당황스러울 것이다. 희망을 얘기해야 할 그림책이 이토록 현실적이라니!

하지만 다 사라져버린 줄 알았던 씨앗들은 이곳저곳에서 뿌리를 내리고 싹을 틔운다. 어떻게 그럴 수 있었던 걸까? 그 부분을 읽다보면 나도 모르게 감격하게 된다. '이제 안 될 거야.'라고 생각했던 씨앗들이 용케도 살아남아 멋진 나무로 커갈 준비를 하고 있으니 가슴이 벅차지 않을 수 없다.

나는 아이들도 씨앗과 같다고 생각한다. 어른 눈에는 희망이 없어 보이는 아이도 여전히 가능성을 지니고 있다고 믿는다. 한글을 조금 일찍 뗀다고 해서 공부를 더 잘하게 되는 것도 아니고, 공부를 잘한다고 해서 세상의 지혜를 더 많이 아는 것도 아니다. 많은 지식과 지혜를 갖춘 사람이라고 해서 더 행복한 것도 아니다. 타인의 기준으로 아이를 판단할 필요는 없다.

자꾸 다른 아이를 쳐다보지 말고 그저 내 아이를 보자. 자신의 속도로 열심히 커가고 있는 내 아이의 모습을 있는 그대로 바라볼 때, 멋진 나무로 자라날 씨앗도 발견할 수 있을 것이다.

이 책 마지막에 모든 엄마들이 가슴속에 간직해야 할 문장이 나온다. 조급한 마음이 들 때마다 이 문장을 가만히 되뇌어보길 바란다.

"맞아, 나무는 다 알고 있었어. 흔들림 없이 기다리고 기다리면 모든 일이 잘되리라는 걸!"

마음 성장 노트

1. 점 하나를 그리지 못해 주저했던 날들이 있나요?

2. 점 하나만 그린 것을 작품으로 인정해준 선생님이 계신가요?

3. 나는 내 아이에게 그런 선생님과 같은 역할을 하고 있나요?

훨훨 날고 싶은데, 아이가 내 발목을 붙잡고 있는 것 같아요

『아무도 가지 않은 길』

2019년 6월 서울시의회가 여론조사 전문기관을 통해 실시한 설문조사에 따르면 서울시내 중학생들의 장래 희망 1위는 공무원이라고 한다. 공무원이라는 직업의 특성상 꼭 하고 싶은 일이라거나 일이 재미있을 것 같다는 이유로 꿈꾸는 것은 아니리라. 저성장 시대가 시작되면서 좋은 스펙을 갖춰도 취업이 만만치 않으니 아이들마저 안정적인 직업에 눈길을 돌리는 것이다. 대학을 나와서 공무원 시험을 준비하느니 조금이라도 일찍 준비하겠다며 고등학교를 졸업하자마자 공부를 시작하는 이들도 있다.

설문조사에 응한 중학생 열 명 중 네 명은 아예 '장래 희망이 없다'고 답했다. 대부분 본인이 무엇을 할 수 있는지도 모르고, 깊게 생각해본 적도 없다는 이유였다.

세상이 달라졌다고들 하지만, 여전히 많은 부모들이 자녀가 공부를 잘해서 명문대에 입학하길 원한다. 그 기세에 떠밀려 뛰고 있는 아이들에게 다른 길을 충분히 살펴보고 경험해볼 기회는 좀처럼 주어지지 않는다.

"아이들은 아직 어려서 명확한 목표가 없어요. 자기가 좋아하는 일을 빨리 못 찾을 수도 있고, 언제든 꿈이 바뀔 수도 있잖아요. 우선 공부를 잘해서 좋은 대학에 가면 어떤 일을 하던 도움이 될 거라고 생각해요."

대한민국 교육 일번지라는 곳에서 강연을 했을 때 이렇게 말하는 엄마가 있었다. 주위에 있던 엄마들도 고개를 끄덕였다.

나는 그 말이 틀렸다고 생각하지 않는다. 대단한 인물까지는 되지 않더라도 괜찮은 회사에 들어가 그럭저럭 먹고살려면 웬만한 대학에는 가야 하지 않겠느냐는 생각도 이해할 수 있다. 학벌사회에 살고 있으니 대부분의 부모가 비슷한 생각을 할 수밖에 없다. 아이가 제 힘으로 먹고살 만한 최소한의 경쟁력은 갖추도록 해주고 싶은 것이 부모 마음이다.

물론 요즘은 공부와 전혀 상관없는 길로 가겠다는 아이를 적극 밀어주는 부모도 많다. "요즘은 공부 잘한다고 잘사는 것도 아니에요."라며 연예인이나 프로게이머 같은 직업을 무척 긍정적으로 생각하는 부모들을 종종 만난다. 우리 사회에서 부모가 그런 결정을 하기도 쉽지 않았을 것이다.

경쟁이 극심한 학벌사회에서 교육문제는 간단하지가 않다. 다만 어느 쪽이든 내가 부모들에게 꼭 강조하고 싶은 게 있다. 아이를 위한다는 마음의 밑바닥에 내가 못다 이룬 꿈을 아이를 통해 이루려고 하거나 보상심리가 깔려 있지는 않은지 살펴보라는 것이다.

아무도 가지 않은 길에 보물이 있다

그림책 『아무도 가지 않은 길』(잔니 로다리 글/풀비오 테스타 그림, 이현경 역, 소금창고)에는 호기심 많은 아이 마르티노가 등장한다. 마르티노가 사는 작은 마을에는 세 갈래 길이 있다. 하나는 바다로 가는 길이고, 하나는 도시로 가는 길이다. 그런데 가운데 있는 길은 어디로 향하는지 아무도 알지 못한다. 사람들은 그 길이 '어디로도 갈 수 없는 길'이라고 이야기한다.

마르티노는 그 길 끝에 무엇이 있는지 너무 궁금해서 틈날 때마다 사람들에게 묻는다. 하지만 돌아오는 대답은 똑같다. 아무데도 갈 수 없는 길이라는 것이다. 그렇다면 왜 그 길을 만든 것일까? 이런 궁금증을 가진 사람도 마르티노뿐이었다. 다른 사람들은 그저 '옛날부터 있던 길'이라고만 생각했기 때문이다.

"그러면 길이 어디서 끝나는지 아무도 가보지 않았단 말이에요?"

그 길을 가보지도 않고 아무것도 없다고만 하는 사람들을 이해하지 못하는 마르티노. 사람들은 그런 마르티노를 '고집쟁이'라고 부른다.

혼자서도 먼 길을 갈 수 있을 만큼 자란 마르티노는 결국 그 이상한 길로 들어간다. 끝이 없는 것처럼 보이는 길을 계속 걸어가니 눈앞에 커다란 성이 나타나고, 성에 살고 있던 왕비는 마치 기다렸다는 듯 마르티노를 맞이한다. 마르티노는 성 안 곳곳을 구경한 뒤 왕비가 선물한 보물을 마차 한가득 실어 마을로 돌아온다.

죽은 줄 알았던 마르티노가 돌아오자 마을 사람들은 깜짝 놀란다. 마르티노는 마을 사람들에게 보물을 나눠주면서 자신이 겪었던 이야기를 들려준다. 마르티노의 이야기를 들은 사람들은 너나 할 것 없이 한껏 부푼 마음을 안고 '어디로도 갈 수 없는 길'로 달려가지만, 아무도 왕비를 만나지 못한다. 아무도 가지 않았던 길을 처음 간 사람에게만 귀한 보물이 주어진 것이다.

정답이 없는
육아에서 해답 찾기

나는 아이를 키우는 엄마들이 꼭 이 책을 읽었으면 좋겠다.

어쩌면 육아야말로 '아무도 가지 않은 길'을 걷는 일이다. 초보 엄마들은 뭔가 궁금한 점이 생기면 맘카페에 글을 올리는 경우가 많다. 자기보다 먼저 아이를 키운 선배 엄마들의 조언을 듣기 위해서다. 육아서를 열심히 읽고 관련 강의나 자료를 찾아보는 엄마들도 많다.

모두 다 좋은 방법이지만, 사실 다른 사람의 사례와 경험담을 나의 육아에 적용하기란 만만치 않다. 보편적이라고 하는 법칙들, 주변에서 추천하는 효과적인 팁과 요령들을 매일 일어나는 무수히 다양한 상황에 일일이 대입하는 것도 벅찬 일이다. 세상만사 많은 경우의 수가 있지만, 육아는 더욱 그러하다. 나는 다른 엄마와 다르고, 내 아이도 다른 아이와 다르다. 더군다나 나와 내 아이의 관계, 그리고 그 사이에서 일어나는 일은 누구도 겪어본 적 없는, 그야말로 '아무도 가지 않은 길'이다.

육아에 있어서는 100퍼센트 맞는 이론도, 방법도 없다. 전문가의 말을 듣고 난 뒤에 내 아이에게 맞는 방법을 선택하고 적용하는 것은 오롯이 부모의 몫이다. 육아가 어려운 까닭이 바로 여기에 있다.

모든 엄마들은 무수한 갈림길 앞에서 마르티노처럼 도착지를 알 수 없는 길로 향하는 사람들이다. 이렇게 하는 게 좋은 선택일까, 저렇게 하면 내 아이에게 맞을까, 무수히 고민하고 상상하면서 한 발 한 발 조심스레 내딛는다. 그 길을 걷는 동안 넘어지거나 상처 입을 수도 있다. 거대한 벽을 맞닥뜨리는 때도 있을 것이고, 어쩌면 잘못된 길을 선택했다고 가슴을 치며 후회할지도 모른다.

끝을 알 수 없는 길을 걷는다는 것은 때로 고행과도 같다. 엄마들은 그 길을 위해 많은 것을 포기하거나 희생하기도 한다. 아이와 함께하는 여정은 기쁘고 행복하지만, 때로 책임감으로 몸도 발걸음도 무겁다. 인생이 힘겹고 불행하다고 느껴질 때도 있다.

아이의 자존감이 낮은 이유

언젠가 우울증상을 보이는 아이를 상담한 적이 있다. 그 아이는 자존감이 무척 낮았다. 자기는 잘하는 것도 없고, 남들이 좋아할 만한 장점도 없다고 생각했다. 하지만 상담을 진행하는 과정에서 나는 그 아이가 공간에 관한 감각이 무척 뛰어나다는 사실을 알게 되었다. 블록을 다루는 모습을 보니 손재주가 있을 뿐만 아니라 창의력이 뛰어나서 독특한 건물을 뚝딱 완성해내곤 했다. 블록을 쥐고 있을 때만큼은 평소처럼 망설이는 기색도 전혀 없었다.

"와, 이거 정말 멋진데? 이따가 엄마한테 보여드려야겠다!"

감탄하는 나에게 아이는 갑자기 어두워진 안색으로 "안 보여줘도 돼요. 엄마는 나 미워해요."라고 말했다. 나는 왜 그런 생각을 하느냐고 아이에게 물었다. 아이는 잠시의 망설임도 없이 대답했다.

"제가 엄마를 힘들게 해서요. 그래서 그런 거예요."

아이와의 상담이 끝난 뒤 나에게 아이의 말을 전해 들은 엄마는 깜짝 놀라더니 이내 울음을 터뜨렸다.

"그런 말을 몇 번 한 적이 있기는 한데 지금까지 기억할 줄은 몰랐어요…."

그 엄마는 유학을 앞둔 상황에서 갑작스럽게 임신을 하고 서둘러 결혼했다고 한다. 공부 욕심이 컸지만 유학은 포기할 수밖에 없었다. 마음의 준비 없이 시작한 육아는 너무나 힘겨웠고, 아이를 키우느라 정신없는 와중에도 가끔씩 공허해졌다. 잘나가는 친구들을 볼 때면 스스로가 초라하게 느껴졌다. 아이가 유난히 말을 안 듣고 떼를 쓸 때면 자기도 모르게 화가 머리끝까지 나서 소리를 고래고래 질렀다.

"왜 이렇게 엄마를 힘들게 해! 내가 누구 때문에 주저앉았는데!"

그럴 때마다 아이는 새파랗게 질린 표정으로 엄마를 쳐다보았다고 한다.

어릴 때 들은 말이라 다 잊은 줄만 알았는데, 아이는 당시 엄마로부터 받은 느낌을 기억하고 있었다. 잘은 모르지만 자기가 엄마를 힘들게 하는 존재라는 생각, 그래서 엄마가 자기를 미워한다는 생각을 해온 것이다. 그녀는 흐느끼며 이렇게 말했다.

"솔직히 그때는 너무 힘들어서 아이가 미운 적도 있지만, 이제는 아니에요. 지금은 인생의 시간표가 좀 늦추어졌을 뿐이라고 편하게 받아들이고 있어요. 무엇보다 아이가 가장 소중하다고 생각해요."

나는 아이에게도 그 말을 해주라고 그녀에게 당부했다. 면목 없고 부끄럽더라도 아이에게 진심 어린 사과를 해야 한다. 엄마가 잘못 생각했으며 잘못 행동했다는 사실을 솔직하게 고백하고 용서를 구해야 한다. 아이가 마음의 상처를 치유하고 스스로를 귀한 존재로 여길 수 있도록.

그 길 끝에 보물은 없을지라도

나 또한 어린 나이에 공부를 포기하고 결혼해서 아이를 낳았다. 그때 남은 미련과 아쉬움을 똑똑한 딸에게서 보상받으려 했다. 아이는 내 바람대로 열심히 공부했다. 공부가 좋고 재미있어서가 아니라 단지 엄마를 위해서였다. 자기 때문에 공부를 포기한 엄마, 자기가 공부를 잘해야 비로소 기뻐하는 엄마를 위해. 자녀에게 보상받고자 하는 부모의 아이들은 스스로 그 보상의 재물이 되려고 하는 심리가 있다. 참 신기한 일이다. 그토록 어린 아이들이 은연중에 부모의 마음을 느끼고, 그에 맞춰 행동하려 하다니 말이다.

딸아이가 얼마나 힘들었는지 뒤늦게 깨닫고 땅을 치며 후회했던 엄마로서, 나는 모든 부모들에게 간곡히 부탁하고 싶다. 아이를 키우는 일이 아무리 힘들다 할지라도 눈에 보이는 보상이나 대가를 바라지는 말라고. 아이는 자신의 의사와는 상관없이 세상에 나왔다. 임신과 출산, 육아는 분명 희생과 인내가 필요한 일이지만, 아이에게 그 책임을 물을 수는 없다. "내가 널 어떻게 키웠는데!"라는 말은 엄마와 아이 모두를 불행하게 만들 뿐이다. 엄마는 아이에게 최선을 다하고도 자신의 인생에 남은 게 없다는 공허감에, 아이는 자신이 엄마 인생에 걸림돌이 되었다는 죄책감에 빠지고 말 테니까.

아무도 가지 않은 길을 열심히 걸어도 그 길의 끝에 왕비의 보물은 없을지 모른다. 하지만 아이를 낳고 키우겠다는 용기 있는 선택을 한 우리, 두렵고 떨리는 마음을 안고 그 길을 걸어온 우리, 많이 외롭고 자주 괴로워도 포기하지 않고 나아가는 우리는 그만큼 성숙해지고 더욱 성장할 것이다. 그것이야말로 한 인간이 얻을 수 있는 무엇보다 값진 보상이 아닐까.

마음 성장 노트

1. 당신이 가지 않은 길은 어떤 길인가요?

   ....
   ....
   ....
   ....
   ....

2. 어떤 편견이나 고정관념 때문에 그 길을 가지 못했나요?

   ....
   ....
   ....
   ....
   ....

3. 지금 새로운 길을 개척하고 있다면, 스스로를 응원하는 말을 써보세요.

   ....
   ....
   ....
   ....
   ....

아이가 괴로워하면 죽을 것처럼 힘들어요

『나는 사실대로 말했을 뿐이야!』

『나는 사실대로 말했을 뿐이야!』(패트리샤 맥키삭 글/지젤 포터 그림, 마음물꼬 역, 고래이야기)의 부제는 '예쁘게 진실을 말하는 방법'이다. 진실을 말하되 다른 사람이 기분 나쁘지 않도록 전달하는 것은 어른에게도 참 어려운 일이다. 어른들은 항상 아이들에게 거짓말 하지 말라고 하지만, 거짓말을 하지 않고 살기가 얼마나 어려운가. 오죽하면 '하얀 거짓말'이라는 말이 다 있을까?

친구랑 놀기 위해 뛰어 나가던 리비는 말에게 여물과 물을 주었느냐는 엄마의 물음에 자기도 모르게 "네."라고 대답한다. 식구들이 "늙은 대장"이라고 부르는 말의 먹이를 챙기는 일은 아마도 리비 담당인 듯싶다. 자신이 맡은 일을 하지 않은 리비는 불편한 마음을 숨기지 못하고, 사실대로 말하라는 엄마에게 결국 거짓말을 했다고 고백한다. 리비는 엄마에게 크게 혼이 났고, 거짓말한 벌로 친구와 놀지도 못하게 되었다. 하지만 마음만은 가벼워진 리비. 리비는 이제부터 사실만을 말하리라 다짐한다. '거짓말을 하면 안 된다'는 원칙을 지키기로 한 것이다.

그런데 리비가 사실만을 말하기 시작하면서 예상하지 못했던 문제가 생긴다. 리비는 예쁜 옷을 입고 와서 주위의 시선을 한 몸에 받는 친구에게 큰 소리로 양말에 구멍이 났다고 알려준다. 윌리가 숙제를 안 해 온 이야기, 데이지가 학예회에서 창피를 당한 이야기, 토머스가 점심값이 없어 선생님의 돈을 받은 이야기를 하기도 한다. 학교가 끝날 무렵 친구들은 리비와 말도 섞지 않으려 한다. 리비는 어쩐지 억울하다. 자기가 한 말이 모두 '사실'이며 사실을 말하는 건 잘못이 아닌데 왜 친구들과 사이가 벌어졌는지 이해하기 어려웠던 것이다.

리비는 집으로 돌아오는 길에 터셀베리 아주머니를 만난다. 아주머니는 고민에 빠진 리비에게 진실은 나쁘지 않으며, 진실만을 말해야 한다고 말한다. 그래놓고선 아주머니네 정원이 밀림 같다는 리비의 말을 듣고 화를 낸다. 리비는 갑작스레 벌어진 일과 여러 가지 감정 때문에 혼란스럽기만 하다. 리비가 속상해하며 엄마에게 고민을 털어놓는다.

"친구들이 나를 좋아하지 않아요."

융통성 없는 우리 아이 어쩌면 좋을까요?

만일 아이가 잔뜩 풀이 죽은 표정으로 친구들이 자기를 싫어한다고 말하면 엄마의 심정은 어떨까? 속상하고, 기분 나쁘고, 자존심도 상했을 아이에게 엄마는 무슨 이야기를 어떻게 해줄 수 있을까? 그런 상황에서 엄마가 차분하게 반응하기란 쉽지 않다. 겉으로는 아무렇지 않은 척 말을 꺼낸다 해도 엄마의 속마음은 전쟁이 터진 듯 순식간에 시끄러워질 것이다. 그렇다고 그 심정을 고스란히 내보이면 부담과 고통이 몇 배로 증폭되어 아이에게 전해진다. 자기 때문에 힘들어하는 엄마를 바라보는 아이의 마음은 얼마나 괴롭겠는가.

아이에 관해 엄마가 모르는 부분이 많아지고, 아이가 친구관계나 외모, 성적과 진로 등으로 고민하기 시작하면 엄마들도 함께 애가 탄다. 아이의 고민은 엄마의 고민이 되고, 엄마는 아이의 문제를 해결해주기 위해 전전긍긍한다.

"저희 아이는 융통성이 없어요. 한 가지를 알려주면 상황에 따라 요령껏 적용해야 하는데, 사소한 것부터 하나하나 일일이 알려줘야 해요."

이렇게 말한 엄마는 자신의 지식과 지혜를 총동원하여 아이에게 이런저런 요령을 알려준다고 했다. 그룹에서 혼자 눈에 띄는 것은 안 좋다, 누가 이런 말을 하면 너는 이렇게 대꾸해라, 친구가 이런 식으로 나오면 너는 이렇게 받아쳐라, 하는 식으로 각 상황에 맞는 매뉴얼을 만들어준 것이다. 하지만 살아가면서 맞닥뜨릴 수 있는 일은 너무나 많고, 특히 사람과 사람 사이의 일에는 수많은 경우의 수가 있다. 그 모든 경우의 수마다 알맞은 대응 방식을 알려줄 수는 없다. 결국 아이 스스로가 다양한 경험을 통해 적절한 방법을 찾아내고 헤쳐나갈 수밖에 없다.

아픔을 겪고 나야 깨닫는 것이 있다

리비의 하소연을 들은 엄마는 무엇이 문제인지 금세 알아챈다. 하지만 "그렇게 말하면 어떡해!" 하고 아이를 책망하거나 "그럴 때는 이렇게 해야지."라는 해답을 제시해주지는 않는다. 단지 리비의 손을 잡고서 때가 적당하지 않거나, 방법이 잘못되었거나, 나쁜 속셈일 경우에는 사실대로 말해도 문제가 될 수 있다는 점을 알려줄 뿐이다.

"진심 어린 마음으로 사실을 말하면 문제될 게 없단다."

엄마가 해준 말을 곰곰이 생각하며 늙은 대장의 털을 빗겨주던 리비는 지나가던 이웃 아가씨가 늙은 대장을 보고 비웃자 기분이 확 상한다. 이웃이 한 말은 분명 사실이었지만 듣는 사람을 전혀 배려하지 않고 조롱한 것이었다. 그 경험을 통해 리비는 자신이 주변 사람들에게 어떤 잘못을 했는지 깨닫고, 잘못을 바로잡기 위해 애쓴다. 친구들과 터셀베리 아주머니에게 진심으로 사과한 것이다. 친구들은 다시 리비와 가까워지고, 터셀베리 아주머니는 리비의 말이 틀린 것은 아니었다며 리비가 가슴에 새길 만한 말을 해준다. "좋은 약은 입에 쓴 법이지만, 애정을 가지고 부드럽게 말해주면 삼키기가 훨씬 더 쉬울 것"이라고.

주위 사람들에게 외면당한 경험은 리비에게 무척 가슴 아픈 일이었지만, 그 일을 계기로 리비는 한층 더 성장했다. '진심 어린 마음'은 누군가가 말해준다고 해서 당장 가질 수 있는 게 아니다. 다른 사람들에게 상처를 주고도 거짓말이 아니었다는 이유로 당당했던 리비는 자신의 잘못을 뼈저리게 깨달은 뒤에야 다른 사람을 배려하고 진정으로 소통하는 방법을 배웠다.

사실만을 말하겠다는 리비의 원칙은 변하지 않았다. 하지만 리비가 말하는 '사실'은 더 이상 누군가를 곤란하게 하지 않는다.

인간관계를 배워나가는 과정

스위스의 심리학자이자 사상가인 장 피아제Jean Piaget는 아이들이 환경에 적응하는 과정에서 인지발달이 일어난다고 보았다. 그에 따르면 아이들은 지식을 얻기 위해 탐구하고, 자신이 획득한 지식을 활용하면서 세상을 이해하게 된다. 특히 피아제는 이러한 과정을 '도식'과 '동화', '조절'이라는 말로 설명했다.

도식은 곧 '인지 구조'로, 아이가 살아가며 맞닥뜨리는 사물과 사건, 행동 등을 이해하는 틀이자 지식의 뼈대라고 할 수 있다. 어린아이들의 도식은 당연히 한계가 있다. 하지만 '동화'와 '조절'을 통해 자신이 가지고 있는 도식을 수정해가면서 지식을 넓혀나간다.

개에 대해 알고 있는 아이가 있다고 해보자. 이 아이는 개의 특성을 알고, 그런 특성을 가진 동물이 개라는 사실도 안다. 아이에게 도식 하나가 있는 셈이다. 그런데 얼마 후, 아이는 태어나서 처음으로 고양이를 만났다. 아이는 고양이가 개처럼 털이 달린 데다 네 발로 걷는 것을 보고는 "개!"라고 말한다. 고양이에 대해 모르기 때문에 자신이 갖고 있는 틀에 맞춰 생각한 것이다. 새로운 정보를 기존의 도식에 통합하는 이러한 과정이 바로 '동화'다.

아이는 곧 고양이에게서 개와 다른 특성을 발견한다. 털이 달리고 네 발로 걷는 동물이라고 해서 모두 개인 것은 아니라는 사실을 알게 되면서 기존의 도식이 조금 달라진다. '조절'은 이와 같이 자신이 가진 도식을 적절히 수정하면서 새로운 지식을 받아들이는 것이다.

피아제의 이론은 인지 발달에 관한 것이지만, 나는 타인과의 관계를 비롯하여 사회생활의 많은 부분에 이 패턴을 적용할 수 있다고 생각한다.

『나는 사실대로 말했을 뿐이야!』에서 리비는 사실만 말하겠다는 원칙을 하나의 도식으로 가지고 있었다. 그 원칙 자체는 잘못된 것이 아니다. 하지만 원칙대로 말하고 행동하는 동안 리비는 본의 아니게 실수를 했다. 친구들과 주변 사람들의 반응으로 인해 리비는 자신이 몰랐던 사실을 깨달았고, 자신의 도식을 조절하면서 세상을 살아가는 데 필요한 새로운 지식을 얻을 수 있었다.

들어주고 기다려주는 당신은 충분히 좋은 엄마

『나는 사실대로 말했을 뿐이야!』를 처음 읽었을 때, 리비와 리비 엄마가 이야기를 나누는 장면이 내 눈을 사로잡았다. 그 장면은 평범한 일상처럼 보인다. 리비의 엄마는 무척 바쁘지만 아이의 고민을 찬찬히 들어준다. 무슨 일이냐며 캐묻지도 않고, 얼른 말해보라고 다그치지도 않는다. 몇 마디 말을 내뱉고는 한숨을 푹푹 쉬는 딸에게 바늘에 실을 꿰어달라고 부탁하면서, 궁금한 점을 부드럽게 물어볼 뿐이다. 엄마에게 바늘과 실을 받아든 딸도 아무렇지 않게 자신의 이야기를 꺼낸다. 두 사람은 인사를 나누듯 자연스럽게 대화한다.

아이가 고민을 이야기하려 하면 엄마들은 보통 '최선을 다해 듣는 자세'를 취한다. "엄마한테 다 말해봐." 하면서 평소와는 전혀 다른 분위기를 조성하기도 한다. 무거운 표정으로 식탁에 마주 앉은 엄마와 아이를 보면 취조실이 떠오른다. 아이에게 집중하려는 의도와 의욕은 좋지만, 아이는 덜컥 겁이 날 수도 있다. 자신의 고민이 정말로 심각한 문제인 것처럼 느껴지기 때문이다. 어떤 아이들은 자기가 고민을 털어놓으면 엄마가 너무 속상해할까 봐 입을 닫기도 한다.

엄마는 아이의 아픔에 민감하다. 아이가 아프면 차라리 내가 아프고 싶은 것이 엄마의 심정이다. 하지만 안타깝게도 아이의 아픔을 엄마가 대신할 수는 없다. 우리가 할 수 있는 일은 들어주는 것, 그리고 기다리는 것이다.

그러니 엄마 된 죄로 아파하지 말자. 엄마로서 해줄 수 있는 게 없다고 슬퍼하거나 자책할 필요도 없다. 아이들은 사는 동안 수없이 좌충우돌하며 그 경험을 토대로 삶의 지혜를 체득한다. 차분히 아이의 성장을 지켜보는 당신은 이미 충분히 좋은 엄마다.

대한민국에서
엄마로
산다는 것

『잃어버린 진실 한 조각』

최근 학교에서 벌어지는 일들을 보고 들을 때면 아이들의 마음 건강이 걱정된다. 현직 교사인 지인들의 이야기에 따르면 요즘 아이들은 말다툼만 벌어져도 곧바로 '학폭위(학교폭력대책자치위원회)' 운운하며 가해자와 피해자를 따진다고 한다. 신문지상에 워낙 심각한 사건들이 오르내리다 보니 부모들은 아이의 학교생활에 촉각을 곤두세울 수밖에 없다. 아이들 사이에 불미스러운 일이 벌어지면 진상이 제대로 밝혀져야 하고, 어느 한쪽에 처벌이 필요하다면 그렇게 해야 한다. 하지만 상황의 성격이나 경중과는 상관없이 모든 일을 재판에 붙이듯 해버리니 그 과정에서 많은 아이와 부모가 상처를 입는다.

어쩌다가 이렇게까지 되었을까? 나는 상담하면서 만나는 아이들에게서도 손톱만큼의 손해도 보지 않겠다는 심리를 발견하곤 한다. '내 아이는 소중하다'는 부모의 마음이 어느 순간 '내 아이만 소중하다'는 이기심으로 바뀌면서 아이들의 마음가짐도 변해가는 것 같다.

아이가 고3인데 학폭위 가해자 입장에 처했다며 괴로워하는 엄마를 만난 적이 있다. 그 아이가 친구에게 폭력을 행사한 건 명백한 사실이었다. 아이 엄마는 학교와 피해자 엄마에게 사과하고 자기 아이를 좀 봐달라고 애원했다. 수능이 얼마 남지 않은 상황인데, 아이의 인생을 망칠 수는 없지 않느냐는 것이 이유였다. 그녀는 상대편 아이의 고통이나 그에 대한 미안함보다는 내 아이가 겪을 손해와 고초에 신경 쓰고 있었다. 내 아이의 잘못을 바로잡는 것보다 내 아이가 시험을 잘 보는 것이 더 중요한 듯이 보였다.

아이의 자존감을 키워준다는 명목으로 아이가 제멋대로 자라도록 놔두는 부모들이 있다. 자존감은 스스로를 존중하고 사랑하는 마음이지, 타인은 상관하지 않고 자기만 아끼는 것이 아니다. 때로는 부모들마저 그 사실을 착각하고 있어 참 안타깝다. 이런 부모에 대응하기 위해 다른 부모도 점점 독해지고 결국은 다 같이 각박해지는 것 같다.

당신도 소중하고,
그들도 소중하다

『잃어버린 진실 한 조각』(더글라스 우드 글/존 무스 그림, 최지현 역, 보물창고)은 내가 개인적으로 참 좋아하고 아끼는 그림책이다. 엄마와 아이뿐 아니라 세상 모든 사람들이 꼭 읽었으면 하는 그림책이기도 하다.

이 책에는 첫 페이지에 아름다운 땅이 나온다. 있는 그대로 존재하는 돌과 바람, 강물과 나무가 가르침을 주는 그곳에 어느 날 '진실'이 떨어진다. 하늘에서 떨어진 진실은 두 조각으로 갈라지고, 그중 한 조각만이 땅 위에 떨어져 아름답게 빛난다. 까마귀와 여우, 나비를 비롯하여 수많은 동물이 떨어진 진실을 발견한다. 하지만 기뻐하는 것도 잠시, 동물들은 부서졌다거나 날카롭다는 이유로 불완전한 진실을 그대로 놓아두고 떠난다.

그렇게 잊히는가 싶었던 진실을 한 남자가 발견한다. 조각난 진실 위에는 '당신은 소중합니다.'라고 적혀 있다. 남자는 진실 조각을 숨겨두었다가 가끔씩 꺼내 보며 행복해한다. 그리고 자신과 비슷한 사람들에게 보여주기도 한다. 곧 진실은 그 사람들 사이에서 가장 소중한 것이 된다. 그들은 그것을 '위대한 진실'이라고 불렀으며, 그것을 처다보느라 자연에서 들려오는 소리에는 귀를 기울이지 않았다. 그 어떤 아름다운 것도 더 이상 그들 눈에 보이지 않는다.

그런데 그 진실 조각이 재앙의 근원이 되었다. 진실 조각이 지닌 힘과 아름다움을 빼앗기 위해 사람들이 싸우기 시작한 것이다. 수없이 반복되는 전쟁으로 인해 땅과 동물들, 무엇보다 사람들이 고통을 받았다. 동물들은 지혜로운 거북을 찾아가 부탁한다. 사람들이 갖고자 하는 진실은 조각난 것일 뿐이니 그 사실을 말해주고 제발 싸움을 멈추게 해달라고. 하지만 거북은 알고 있다. 사람들이 자신의 말을 듣지 않으리라는 것을 말이다.

그러던 어느 날 한 소녀가 지혜로운 거북을 찾아온다. 모두가 고통 받는 세상을 바꿀 방법을 묻기 위해서다. 거북은 잃어버린 또 다른 진실 한 조각이 사람들에게 필요하다고 말해준다. 소녀는 그 진실 한 조각을 찾기 위해 거북이 가르쳐준 대로 온 세상에 스며들어 있는 진실을 보고 듣고 느낀다. 꽃과 구름, 땅 위에서 춤추는 햇빛과 속삭이는 바람. 사람들은 잊고 있었지만 그 모든 것들에 아름다운 진실이 있었던 것이다.

거북은 소녀에게 말한다,

"다른 곳에서 온 사람, 다른 얼굴을 한 사람, 다른 생각을 하는 사람을 만나서 그들의 말에 귀 기울일 때, 조각난 진실과 삶은 치유될 수 있단다."

소녀는 거북이 쥐어준 신비하고 아름다운 돌을 가지고 고향으로 돌아간다. 하지만 아무도 소녀의 말을 귀담아듣지 않는다. 소녀는 사람들이 진실 조각을 놓아둔 높은 곳으로 올라가 거북이 준

돌을 그 조각과 맞춘다. 두 조각은 꼭 들어맞았다. 그 위에 쓰인 글도 완성이 되었다. '당신은 소중합니다. 그리고 그들 역시 소중합니다.' 완전한 진실은 바로 이것이었다.

내 아이만 잘사는 방법은 없다

『잃어버린 진실 한 조각』의 마지막 페이지를 덮고 나서 멍하니 생각에 잠겼던 기억이 난다. 이 책은 그야말로 우리가 잃어버린, 그래서 잊고 살아가는 진실을 명확하게 알려준다. 나와 내 아이, 내 가족과 집단만을 중시하며, 내 이익을 위해서라면 싸우기를 마다하지 않고 모두를 고통에 빠뜨리는 어리석은 인간의 모습을 짧은 글과 그림으로 적나라하게 보여주고 있다.

그러는 동안 세상은 황폐해지고, 사람들은 더 이상 인생 곳곳에 숨어 있는 아름다운 진실을 마주하지 못한다. 그것이 바로 나와 내 가족이 소중한 만큼 다른 사람도 소중하다는 완전한 진실을 외면한 대가가 아닐는지.

우리는 아이에게 말해주어야 한다. 너는 소중하다고. 그리고 네 주변의 모든 사람도 소중하다고. 내 아이가 너무 귀해서 다른 아이들, 다른 사람들을 아프게 하는 부모들이 있다. 그러한 행동이 세상을 팍팍하게 만들고, 그 세상 속에서 살아가야 할 자신의 아이도 힘들어진다는 생각은 하지 못한다. 이 악순환의 고리를 끊어내야 하지 않을까?

나를 사랑하는 만큼 가족을 사랑하고 친구를 사랑하는 아이, 자신을 둘러싼 사람들과 환경에 감사할 줄 아는 아이로 키우는 것이 결국 살기 좋은 세상을 만드는 일이라고 나는 믿는다. 그러니까, 부모에게는 내 아이를 잘 키워내는 것을 넘어서서 이 세상을 아름답게 만들 수 있는 힘이 있는 셈이다.

헌신하는 엄마가 놓치고 있는 것

한 가지 더 꼭 이야기하고 싶은 것이 있다. 아이를 아끼는 만큼 엄마 자신도 아꼈으면 좋겠다. 우리 사회는 모성을 신성하게 여기다 못해 엄마의 희생을 일종의 의무처럼 취급한다. 아이를 낳은 뒤에도 자기 일을 포기하지 않거나 본인에게 돈과 시간을 투자히면 "무슨 엄마가 저래?"라는 수군거림을 들어야 한다. 이러니 엄마들은 툭하면 죄책감을 느낀다.

"제 직업이 고객을 대하는 일이라 외모에 신경을 안 쓸 수가 없어요. 꾸미는 걸 좋아하기도 하고요. 그런데 대놓고 뭐라고 하는 사람들이 있어요. 엄마가 되어갖고 너무 멋을 낸다고, 그런 옷은 아가씨 때나 입는 거 아니냐고, 친구들까지 그러네요. 내가 정말

철없고 부족한 엄마인가 싶어요."

　나는 이렇게 하소연하는 엄마에게 당당하게 자신을 챙기라고 말했다. 그렇게 한다고 해서 결코 나쁜 엄마인 것은 아니라고. 알뜰살뜰 살림을 꾸리고, 남편을 내조하고, 아이를 잘 키우는 전통적인 현모양처의 모습에 이제는 돈까지 잘 버는 슈퍼우먼을 바라는 분위기다.

　아이를 잘 키운다는 것에는 많은 뜻이 포함되어 있다. 건강하고, 성격 좋고, 공부도 잘 하는 아이. 그중 무엇 하나라도 부족하다 느껴지면 엄마들은 '내가 뭔가 잘못했나?' 하며 자책하곤 한다. 자책하지 않으려 해도 주위에서 눈총을 보낸다. '엄마가 대체 어떻게 키웠기에'라는 시선은 엄마들을 죄인으로 만든다. 시대가 바뀌어도 여전히 육아는 오롯이 엄마의 몫이다. '아이 성적이 엄마 성적'이라는 말이 대변하듯이 육아의 책임은 엄마가 지고 간다.

　"엄마로 살기 참 어렵지요?"

　내가 이렇게 말하기만 해도 눈시울을 붉히는 엄마들이 있다. 나는 늘 엄마들에게 아이 마음을 읽어주라고 말하지만, 엄마의 마음을 알아주는 이도 필요하다. 나도 엄마이기에 대한민국에서 엄마로 살기가 얼마나 어려운지 잘 알고 있다. 그런 만큼 엄마들이 서로를, 그리고 스스로를 격려하고 칭찬하기를 바라는 마음이다.

　무엇에 있어서든 아이를 우선으로 하느라 스스로에게 너무 소홀한 엄마들을 볼 때가 있다. 아이에게는 삼시세끼 정성껏 요리를 해서 예쁜 그릇에 담아주고 간식까지 빠짐없이 챙기면서 자신은 찬밥을 물에 말아 때운다. 아이 장난감이나 학원비는 아낌없이 쓰면서 자기계발 비용에는 무척이나 인색하다. 나는 엄마들이 아이와 함께 맛있는 음식을 먹었으면 좋겠다. 아이 학원을 알아보느라 바쁘겠지만 가끔은 본인이 배우고 싶은 것도 하나쯤 찾았으면 좋겠다.

아이 앞에서 버릇처럼 "엄마는 괜찮아."라고 말하지 말자. 아이 앞에서 엄마가 스스로를 소홀히 대하다 보면 아이 또한 자기도 모르게 엄마를 '소홀히 해도 되는 사람'으로 생각하기 쉽다. 아이마저 어느 순간 엄마의 희생을 당연한 것으로 받아들이게 된다. 훗날 그런 자녀의 모습을 보며 서러워하는 엄마들을 많이 만난다.

『잃어버린 진실 한 조각』에서 지구의 모든 생명체가 고통을 받은 이유는 '조각난 진실'이 불완전했기 때문이다. 자기만큼 다른 사람도 소중하다는 '완전한 진실'을 아이에게 가르쳐주어야 한다. 그 누구도 희생하거나 소외되어서는 안 된다. 엄마도 자기 몫을 당당히 요구해야 한다. 나와 남을 모두 소중히 여기는 엄마야말로 아이에게 좋은 본보기가 될 것이다.

커가는 아이의
뒷모습을 보며
쓸쓸해질 때
『아모스와 보리스』

가족과 함께하는 삶은 소중하고 가치 있다. 시대의 변화에 따라 가족의 형태는 이전보다 매우 다양해졌다. 아이 없이 부부만 사는 가정, 동성애자가 꾸린 가정, 친구와 함께 사는 가정 등 가족 구성이 점차 다양해지고 있다. 모습은 저마다 달라도 가족과 평안하고 행복한 삶을 누리고자 하는 인간의 욕구는 다르지 않다.

모두들 가족과 행복하게 살기를 원하는데도 왜 갈등은 끊임없이 일어나는 것일까? 아마 가깝다는 이유로 함부로 하게 되는 심리가 불화의 원인이 될 것이다. 때로는 함께하는 방식에 대한 가족 구성원의 생각이 일치하지 않을 수도 있다. 어떤 사람은 물리적 거리를 중요시한다. 식구끼리 자주 만나고 친밀하게 지내야 한다고 믿는 경우다. 반대로 만남의 횟수는 중요하지 않다고 생각하는 사람도 있다. 옳고 그름을 떠나 자신의 가치관만 강요하다가 오히려 가족들과 사이가 틀어지는 경우를 심심치 않게 본다.

가족치료의 선구자 보웬은 가족구성원 사이에 연합성과 개별성이 적절한 균형을 이루어야 한다고 주장했다. 함께하는 것도 중요하지만, 각자 개별적인 정체감을 가지는 것도 그에 못지않게 중요하다. 보웬이 특히 강조한 것은 자아분화다. 가족의 정서를 공유하면서도 식구들과는 별개로 자신의 사고와 감정을 분리해야 한다. 엄마 입장에서는 품에서 벗어나는 자식의 모습에 허전하고 서운할 수 있지만, 자아분화가 제대로 되어야 독립적인 존재로 세상에 나아가 건강하게 생활할 수 있다.

우리 사회는 전통적으로 개인보다 공동체를 우선시하는 경향이 있다. 충효사상이 강한 문화라 부모에게 잘하고, 부모 말을 거역하지 않는 것을 미덕으로 여겼다. 먼저 인생을 경험한 부모가 자녀를 좋은 방향으로 이끌어주는 것은 좋은 일이지만, 성인이 된 자녀마저 좌지우지하려는 부모들이 있다. 안타까운 점은 그런 부모 밑에서 자라며 자아분화를 거치지 못한 채 무늬만 성인으로 살아가는 이들이 많다는 사실이다.

아프지만 분리는
피할 수 없다

"엄마가 제 삶에 지나치게 관여하세요. 저를 걱정해서 그러는 거니까 거절하기가 힘들어요."

결혼을 한 뒤에도 원가족과 분리되지 못해 어쩔 줄 몰라 하는 엄마를 상담한 적이 있다. 그녀의 친정어머니는 "너는 내가 시키는 대로만 하면 된다."라면서 딸의 부부생활부터 직장, 육아에 이르기까지 모든 부분을 하나하나 지시했고, 딸이 지시를 따르지 않으면 불같이 화를 냈다. 내담자는 어떤 일이든 엄마의 허락부터 구해야 했다. 장모의 간섭에 스트레스를 받은 남편과도 갈등이 생겼다. 주변 사람들은 그런 그녀를 이해하지 못했다. 친구들의 조언대로 엄마와 거리를 두기 위해 한동안 연락을 끊어보기도 했지만, 얼마 못 가서 엄마에게 먼저 용서를 빌곤 했다.

그녀는 신체적으로나 경제적으로는 부모에게서 독립했지만 정서적 독립은 하지 못한 상황이었다. 엄마에게서 벗어나고 싶다고 생각하면서도 힘든 일이 생기면 어떻게 해야 할지 몰라 우왕좌왕하다가 결국 엄마에게 도움을 요청했다. 엄마를 무서워하면서도 의지하고 싶은 마음이 강했고, "이게 다 널 위한 거야."라는 엄마의 말을 믿었다.

오랜 시간 동안 어머니의 욕망은 딸에게 그대로 투사되었다. 내담자는 자기가 뭘 원하는지조차 모른 채 엄마가 원하는 대로 살았다. 공부도, 결혼도, 육아도 엄마가 일러주는 대로만 했다. 그렇게 살아왔기 때문에 이제 와서 스스로 자신의 삶을 꾸려가기가 쉽지 않은 것이다.

많은 엄마들이 원가족에게서 분리되지 못하고, 자녀도 자신에게서 분리시키지 못하는 이중 족쇄에 묶여 있다. 부모와 자녀에게 최선을 다하며 얻는 만족감도 크겠지만, 혹시나 그 마음 한구석에 원가족으로부터 인정받고 자녀에게 보상받고 싶은 심리가 있다면 나중에 크게 실망할 수도 있다. 가족 구성원들이 서로 충분한 정서적 교류를 하면서도 각자를 독립적인 개인으로 인정할 때 진정한 행복이 시작된다. 돈독한 관계에 집착하고 그것을 강요할수록 오히려 관계가 깨어지는 경우를, 나는 자주 본다.

어린이집에
처음 보내는 날

아이들보다 오히려 엄마들이 분리에 적응하지 못하는 모습을 보이곤 한다. 엄마들은 항상 아이의 분리불안을 걱정한다. 하지만 처음 아이를 떼어놓을 때 엄마들이 아이보다 더 안절부절못한다. 어린이집에 처음 가는 날, 정작 아이는 웃으며 엄마와 헤어지는데 엄마는 뒤돌아서서 눈물을 훔친다.

"아이가 울지는 않을까 걱정이 돼서 근처 놀이터에 한참 앉아 있었어요. 어린이집에서 전화가 오면 바로 달려가려고요."

어떤 엄마는 이렇게 이야기했다. 집으로 돌아오는 길에 내내 울먹였다는 엄마도 있다. 아이가 언제 이렇게 커서 나름의 사회생활을 시작하나 싶어 감격스럽기도 하고, 벌써 엄마 품을 떠나는가 싶어 울컥하기도 하더란다.

그 마음 충분히 이해한다. 자유시간이 생기면 좋을 줄 알았는데, 막상 아이가 옆에 없으면 허전하다. 항상 지켜보던 아이가 눈앞에 보이지 않으니 모든 것이 불안 요소다. 밥은 잘 먹는지, 친구들과 잘 어울리는지 궁금하다. 다치지는 않을까, 선생님의 미움을 사면 어쩌나 노심초사한다. 아이뿐 아니라 엄마에게도 분리에 익숙해지는 시간이 필요한 셈이다.

나는 그런 엄마들에게 농담처럼 말한다. 이제 겨우 시작일 뿐이라고. 잔인하게 들릴 수도 있지만, 아이를 키우는 일이란 어쩌면 아이와 조금씩 멀어지는 과정이다. 한몸이었던 아이는 세상에 나와 조금씩 엄마의 품에서 벗어나 자신의 세계를 만들어간다. 그것이 성장이다.

사춘기가 되면 아이는 엄마 대신 친구와 비밀을 나누고, 가족보다는 또래와 시간을 보내려 한다. 아이가 나와 함께하지 않는 시간이 늘어나고, 내가 모르는 아이의 일상이 많아지고, 내가 통제할 수 없는 아이만의 영역이 커진다. 엄마 입장에서 달갑지 않은 변화일 수 있다. 그러나 아이가 어른이 되어가는 자연스러운 과정이기도 하다. 그 사실을 거부하고 계속 아이를 좌지우지하려고 한다면 양쪽 모두에게 상처가 될 뿐이다.

서로 사랑하지만
함께할 수 없을 때

『아모스와 보리스』(윌리엄 스타이그 글/그림, 김경미 역, 비룡소)는 어울리지 않는 것처럼 보이는 두 친구 사이의 특별한 우정을 그린 책이다. 바다를 무척 좋아하는 생쥐 아모스는 자신이 만든 배에 여러 가지 물건을 싣고 항해를 시작한다. 바다 위에서의 생활은 아모스에게 행복을 주었고, 어느 날 만난 고래들의 모습은 아모스의 마음을 빼앗았다. 하지만 아모스는 실수로 바다에 빠지게 되고, 거대한 바다 한가운데서 죽음을 기다리는 처지가 된다. 그때 보리스라는 아기 고래가 아모스에게 다가온다. 둘은 친구가 되고, 보리스는 아모스를 집에 데려다주기로 약속한다.

아모스와 보리스는 서로에게 꿈과 비밀을 털어놓고 살아온 이야기를 들려주는 동안 세상에서 가장 가까운 친구가 된다. 사는 곳이 다르고, 겉모습과 성격도 달랐지만, 그런 것은 아무런 문제가 되지 않는다. 일주일이라는 시간이 흘러 아모스가 처음 떠났던 그 해변에 도착한다. 이제 둘은 아쉬워하며 마지막 인사를 나눈다. 아모스는 생명을 구해준 보리스에게 고마운 마음을 전하며 이렇게 약속한다. 만일 너에게 도움이 필요하다면 내가 기꺼이 도와주겠노라고. 보리스는 아모스를 무척 좋아하지만, 작은 생쥐가 자신을 도울 일은 없을 거라고 생각한다.

바다에서, 육지에서 각자 행복하게 살아가던 아모스와 보리스. 여러 해가 지난 어느 날, 거대한 폭풍으로 인해 보리스가 해변으로 떠밀려온다. 폭풍이 지나간 뒤 해변으로 간 아모스는 태양이 내리쬐는 모래 위에서 꼼짝도 못하고 말라가는 보리스를 발견한다. 보리스는 아모스에게 도움을 청한다. 하지만 작은 생쥐 한 마리가 집채만큼 거대한 고래를 어떻게 움직일 수 있을까? 어디론가 재빨리 사라지는 아모스를 보며 보리스는 체념한다. 아모스는 무언가를 해보려 하겠지만, 아마 할 수 있는 게 없을 거라고. 자기는 죽고 말 거라고. 하지만 아모스는 코끼리 두 마리와 함께 나타난다. 두 코끼리가 바다로 힘껏 밀어준 덕분에 보리스는 목숨을 건질 수 있었다.

다시 찾아온 작별의 시간. 아모스와 보리스는 눈물을 흘린다. 아모스에게 보리스는, 보리스에게 아모스는 죽음의 고비에서 가장 고독하고 고통스러웠던 순간 자신을 찾아와 구해준 친구이다. 둘은 서로를 너무나 좋아하지만 가까이 있을 수 없다. 다시는 만날 수 없으리라는 사실도 알고 있다. 생쥐는 육지에서, 고래는 바다에서 살아야 하기 때문이다. 아모스와 보리스는 이 필연적인 이별을 받아들이고, 아름다운 우정을 간직한 채 헤어진다.

성숙한 관계란
멀리서도 인정하고 지지해주는 것

이 책의 마지막 장면은 언제 봐도 눈물이 난다. 『아모스와 보리스』는 우리에게 성숙한 관계란 무엇인가에 대한 해답을 알려준다. 곁에 있으나 떨어져 있으나 항상 나를 생각하며 행복을 빌어주는 사람. 부모와 자녀 또한 이런 사이일 때 이상적인 관계를 유지할 수 있다.

자식은 환갑이 되어도 어린아이 같다는 말이 있다. 나 역시 그렇다. 이제는 성인이 되어 나보다 훨씬 키가 커버린 아들딸이 내 눈에는 아이마냥 귀엽게 보인다. 길을 지나다 엄마 손을 붙잡고 가는 꼬마가 눈에 띄면 우리 아이들을 품에 안고 다니던 시절이 생각난다. 그런데 어느새 이렇게 장성한 아이들을 볼 때면 뿌듯하기도 하지만 아쉬운 마음도 있다.

내가 어린 아이들을 안고 업고 다닐 때면 어르신들이 "저때가 좋지"라고 이야기하곤 했다. 그때는 그 말을 이해하지 못했다. 나는 언제 힘든 육아 끝내고 자유롭게 훨훨 날아다닐까, 이 생각만 했다. 아이가 나한테 딱 붙어 있는 시간이 영원히 계속될 것만 같았다. 그런데 그 시간은 지나간다. 그리고 나를 보며 '저때가 좋았다'고 회상하던 어르신들처럼 나 역시 젊은 엄마들을 보며 그 시간을 아쉬워한다. 다 큰 아이들을 품에서 떠나보내는 것이 순리임을 너무나도 잘 알지만, 마음 한구석에 자리 잡고 있는 쓸쓸함 한 조각은 어쩔 수가 없다.

그럼에도 나는 웃는 눈으로 아이들을 지켜본다. 우리는 어디에 있든지 항상 서로를 걱정하고 응원하는 가족이기 때문이다. 살다 보면 문득 외로울 때도 있지만, 내가 이토록 사랑하는 존재가 이 세상에 있다는 사실만으로도 감사하게 된다. 나 또한 그들로부터 사랑받고 있음을 떠올리면 순식간에 든든해질 만큼 위안을 얻고 행복을 느낀다. 그럴 때마다 나는 새삼 다짐한다. 아이들에게도 이런 기분을 느끼게 해주고 싶다고. 언제 어디서든 나를 변함없이 사랑하는 누군가가 있다는 사실은 험한 세상을 살아가는 한 존재에게 더없는 힘이 된다.

사랑은 달라고 하는 것이 아니라 베푸는 것이다. 내 말을 들으라고 하는 것이 아니라 상대의 말을 들어주는 것이다. 고래에게 육지를 강요하지 않고, 생쥐에게 바다를 강요하지 않듯이 서로의 삶을 인정하며 지지하는 것이다. 그런 부모와 자녀라면 물리적 거리와 상관없이 진정으로 함께하는 '가족'이 아닐까.

초라한
내 모습에
눈물이 나요
『책으로 집을 지은 아이』

상담가로 활동하면서 많은 사람들을 만났다. 내담자 중에는 아이를 키우는 엄마들이 많았다. 그녀들은 인생에서 처음 겪은 출산과 육아로 몸과 마음이 지쳐 있었다. 아이를 키우는 과정에서 자신의 가장 밑바닥에 있던 감정을 만나 당황하기도 하고, 잊고 있던 어린 날의 상처를 떠올리면서 아파하기도 했다.

  나도 똑같은 고통의 시간을 거쳤기에 그들의 마음이 고스란히 느껴졌다. 그리고 엄마의 아픔이 아이들에게 어떤 상처가 되는지를 알기 때문에 두 배로 안타까웠다.

  부부가 되고 부모가 된다는 것이 어떤 의미인지 아무것도 모른 채 결혼과 출산을 감행했던 나는 정말 부족한 엄마였다. 남편이 갑자기 퇴사하고 공부를 시작하면서 하루아침에 대가족의 가장이 되었다. 돈벌이와 살림, 육아를 병행하는 동안에는 너무 정신이 없어서 내 마음이 아픈지조차 몰랐다. 딸아이의 마음도 돌아볼 틈이 없었다. 언제 끝날지 짐작되지 않는 깜깜한 터널을 달리는 기분이었다. 내가 원해서가 아니라 무언가에 떠밀려서 억지로 움직이고 있었다.

그러다가 아이의 고통을 알게 되었고, 아이의 상처를 치유하는 데 온갖 노력을 기울였다. 아이와의 관계가 어느 정도 회복되고 아이가 웬만큼 자라고 나서야 온전히 '나'에 대해 생각할 겨를이 생겼다. 지난한 세월이었다. 나는 공부를 좋아했던 사람인데 오랜 시간 남편과 아이들을 챙기느라 바빴고, 어느덧 아내이자 엄마로 나이를 먹어가고 있었다. 물론 아내이자 엄마의 역할도 중요하다. 그 역할을 잘 해내는 것만도 대단한 일이다. 하지만 나에게는 다른 꿈이 생겼다. 나처럼 상처 많은 사람들을 위로하고 싶다는 꿈이었다.

1990년에 대학을 졸업한 나는 2004년에 늦깎이 대학원생이 되었다. 이전에는 생각해보지도 않았던 상담심리학 공부를 시작한 것이다. 공부라면 자신 있었는데, 뒤늦게 공부하려니 쉽지 않았다. 아이를 키우면서 석사를 마치고 박사 학위를 따기까지 몇 번이나 가족들 몰래 눈물을 쏟았다. 특히 논문을 쓰는 과정은 너무나 힘들었다. 그럴수록 더 절실히 매달렸다. 꿈을 이루고 싶다는 간절한 바람이 흔들리는 마음을 붙잡아주었다.

엄마 노릇이 힘들어 죽겠는 이들에게 권하는 그림책

　엄마가 되고 보니 너무 힘들다고, 가끔은 딱 죽고만 싶다고 호소하는 내담자들에게 내가 권하는 책이 있다. 그림책 『책으로 집을 지은 아이』(파올라 프레디카토리 글/안나 포를라티 그림, 김현주 역, 그린북)다. 이 책의 주인공 말리크는 밖에서 뛰어놀기를 좋아하는 개구쟁이 소년이다. 스무 명의 형제 중 막내인 말리크는 매일 어두워지도록 놀다가 집으로 돌아가곤 한다. 어느 날, 저녁마다 밥 먹으라고 부르던 어머니가 세상을 떠나게 된다. 엄마의 부재는 말리크의 마음에 깊은 상처가 되고, 그날부터 말리크는 다락방에 처박혀 책을 읽기 시작한다.
　늙고 병든 말리크의 아버지는 자식들을 불러 재산을 나누어 주고는 숨을 거둔다. 조그마한 말리크는 아버지 눈에 띄지 않았고, 그 바람에 아무것도 받지 못한다. 아버지의 유언대로 집과 땅, 이불, 곡식 등을 받은 형제자매들은 말리크를 내쫓는다. 그들은 다락방에 가득했던 책을 창밖으로 던진다. 말리크에게 주어진 건 엄청나게 많은 책뿐이었다. 울다 지쳐 잠든 말리크는 꿈속에서 책을 읽어주는 어머니를 만난다.

잠에서 깨어난 말리크는 땅에 떨어져 있던 책들을 분류하고 차곡차곡 쌓기 시작한다. 엄청나게 많은 책은 커다란 집이 되고, 말리크는 책으로 된 집 안에서 책을 읽으며 살아간다. 배고프면 요리책을 펼쳐 요리하고, 책으로 된 침대에서 잠을 자며, 비 오는 날에는 팝업 북을 펼친다. 말리크의 생활은 책 그 자체가 된다. 형제들은 말리크가 이상하다고 생각하며 멀리하지만, 말리크는 책을 읽으며 외로움을 달랜다. 한겨울 추위를 막아주는 것도 책뿐이다. 말리크는 책으로 지은 집 안에서 오들오들 떨며 겨울을 보낸다.

이듬해 봄이 되자 얼었던 책들이 녹으면서 집은 완전히 무너지고 만다. 가엾은 말리크. 그날 밤 다시 말리크의 꿈속에 찾아온 어머니는 이렇게 이야기한다.

"네가 책 속에서 배운 것은 우주보다 넓고, 수천 가마니의 곡식보다 값지단다. 그러니 겁내지 말고 세상으로 나가보렴."

말리크는 따스함을 느끼려는 듯 어머니 품에 꼭 안겨 미소 짓는다. 그리고 다음 날 자신이 살던 곳을 떠난다.

『책으로 집을 지은 아이』를 읽다보면 말리크의 처지가 안타까워 눈물이 난다. 엄마 없는 아이의 외로움이 얼마나 클지, 나는 감히 가늠할 수 없다. 엄마가 있었더라면, 형제들의 보살핌을 받았더라면 더 좋았겠지만, 슬프게도 말리크에게 그런 행복은 주어지지 않았다. 남은 가족들에게마저 버려진 말리크는 책 읽기로 고독과 고통을 달랜다. 아무도 말리크에게 지식을 가르쳐주지 않고, 말리크의 마음에 신경 쓰지 않는다. 그럴수록 말리크는 더 열심히 책을 파고든다. 어쩌면 너무 힘들었기에 무엇에든 매달릴 수밖에 없었을 것이다. 때로는 책을 읽을수록 더 슬퍼지기도 했지만, 아이는 자신에게 주어진 환경에서 스스로 상처를 극복해낸다. 책을 통해 누구보다 넓은 세상을 보았고, 세상을 향해 나아갈 용기를 얻은 것이다.

아이 키우면서
재능을 발견한 사람들

이른바 '독박육아'에 시달리는 엄마들의 가장 큰 고충은 세상과의 단절이다. 출산 전까지는 사회의 한 구성원으로서 활발하게 살았는데, 말이 통하지 않는 아이와 종일 씨름하는 동안 세상에서 '나'라는 존재는 어느새 사라진 것만 같다. 제때 잠을 자거나 밥을 먹을 수 없고, 심지어 화장실마저 편하게 갈 수도 없다. 그런 상황도 힘들지만, 갑자기 달라진 자신의 처지는 더욱 서럽다. 주위의 시선도 따뜻하지만은 않다. 아이 키우는 엄마를 집에서 놀고먹는 사람으로 취급하는 사람들도 있다.

한때 잘나가는 커리어우먼이었다던 한 엄마는 아이를 키우면서 자신의 사회적 위치가 뚝 떨어진 것만 같다고 호소했다. 육아는 일과 달랐다.

"공부나 일은 내가 노력하면 어느 정도 잘할 수 있는 거잖아요. 육아는 그렇지 않더라고요. 무슨 일이든지 '하면 된다'는 자신감이 있었는데, 아이 키우는 건 제 마음대로 안 돼요. 매일 자괴감에 시달려요."

어느 날 저녁, 문득 자신이 하루 종일 한마디도 하지 않았다는 사실을 깨닫고는 터져 나오는 울음을 참을 수 없었다고 한다. 말이 통하는 사람과의 대화가 그리웠지만, 남편과 친구들은 일하느라 바빴다. 예민한 아이를 키우다보니 아이랑 외출하거나 누군가를 만나는 일도 쉽지 않았다. 주변 사람들은 애가 너무 말랐다느니 수면 습관이 잡히지 않은 것 같다느니 하면서 충고를 했다. 그런 말이 모두 엄마인 자신을 향한 책망으로 들렸다. 그녀는 육아휴직이 끝나기만을 기다렸지만, 마땅히 아이를 맡길 곳이 없어 결국 사표를 내야 했다. 바로 그때 심한 우울증이 찾아왔다. 그녀는 우울증 약을 복용하며 나와 상담을 진행했다.

"이제 더 이상 제 인생은 없는 것 같아요. 재취업이 힘든 업계라서 다시 일하기도 힘들 것 같고요. 솔직히 너무 힘들어서 그냥 다 놓고 싶어요."

나는 내담자와 아이가 걱정되었다. 공부나 일에서 좋은 성과를 거두었으나 출산과 육아로 인해 일을 중단한 엄마들은 아이를 원망하거나 자신의 욕구를 아이에게 투영하기 쉽다. 아이 때문에 꿈을 포기했다는 원망이 은연중에 아이에게 전달되고, 아이는 상처를 받는다. 육아마저 성과를 내야 하는 업무라고 생각해서 아이의 성적을 통해 능력을 증명하려고 애쓰기도 한다. 물론 아이에게는 큰 부담이다.

나는 그녀에게 내가 겪었던 이야기를 천천히 들려주었다. 그리고 상담을 진행하는 몇 달 동안 그녀에게 여러 권의 책을 권하기도 했다. 그녀처럼 육아로 힘겨워하던 엄마들이 쓴 책들이었다.

독서 에세이를 출간한 어느 작가는 산후우울증을 달래기 위해 책을 읽기 시작했고, 자신과 같은 고통에 시달리는 엄마들을 위해 책모임을 만들었다. 그 모임에서 엄마들은 서로가 서로를 보듬었다고 한다. 한때 죽고 싶을 만큼 힘들었다던 저자는 이제 유명한 그림책 테라피스트가 되었다. 은행원에서 전업주부가 되었다가 재테크 관련 책을 쓰고 강연자가 된 엄마도 있다. 아무것도 모르고 시작한 펀드 투자로 큰돈을 잃는 바람에 온 가족이 나락으로 떨어진 뒤, 그녀는 울면서 책을 읽으며 경제를 공부했다. 쪼들리는 형편에 세 아이를 키우면서 독학을 하자니 너무 힘들었지만, 아이들과 풍요로운 삶을 살고자 하는 꿈이 있었기에 지치지 않았다고 한다.

육아를 하는 동안 미처 몰랐던 자신의 재능을 발견하거나 새로운 꿈을 꾸게 된 엄마, 미뤄두었던 꿈을 위해 다시 달리는 엄마들을 나는 여럿 보았다. 동화를 쓰고, 도시락 사업을 시작하고, 나처럼 진정으로 공부하고 싶은 분야를 찾았다며 방송통신대학에 등

록하거나 대학원 준비를 하는 엄마들을 만났다.

    그녀들은 곱지 않은 시선에 시달렸다. 살림하고 아이 키우기도 바쁜데 무슨 책이냐는 눈총, 돈도 안 되는 짓을 한다는 손가락질을 받아야 했다. 하지만 그녀들은 멋지게 제2의 인생을 시작했다. EBS 라디오 프로그램 〈행복한 교육세상〉의 진행자 문지애 아나운서 또한 그림책을 소개하는 유튜버로 살고 있다. 그녀는 한 방송을 통해 "아이 키우면서 사라졌다고 느낀 나를 다시 찾았다"고 말했다.

    저마다 분야는 다르지만, 그들 모두 '엄마가 되어서 할 수 없다'는 생각을 '엄마가 되었기에 할 수 있다'로 바꾸었다. 그들의 공통점은 힘든 시간을 보내며 더 절실하게 꿈을 찾고, 그 꿈을 붙잡았다는 것이다.

엄마가 돼도 '나'의 인생은 계속된다

    많은 사람들이 임신과 출산, 그리고 육아 기간을 인생의 내리막길인 것처럼 여긴다. "애엄마 됐으니 좋은 시절은 다 갔지", "아줌마가 뭘 하겠다고…." 이런 막말을 무신경하게 내뱉는 사람들도 있다.

    엄마들 또한 스스로를 저평가한다. 애도 있고 나이도 많은데 꿈은 사치일 뿐이라며 자조하는 엄마, 인생의 암흑기를 보내는 중이라고 믿는 엄마들도 있다.

"내 인생에서 수년간 공백이 생긴 느낌이에요."

그들은 이렇게 말하며 깊은 한숨을 쉰다. 하지만 괴로움만 가득한 것 같은 그 시간이 결코 헛된 것은 아니다. 아이를 키우는 동안 엄마는 거울 속의 민낯을 보듯 자신의 가장 밑바닥에 있는 마음들을 마주한다. 자신의 상처, 장점과 단점, 강점과 약점을 알게 된다. "아이를 어떻게 키울 것인가"라는 고민을 하면서 "어떻게 살아갈 것인가"를 고민하는 중요한 기회를 얻는다. 교육관은 인생관과 동전의 양면을 이루고 있기 때문이다.

말리크가 책읽기에 몰두하는 동안 그 누구도 말리크의 행동을 의미 있게 보지 않았다. 하지만 그 시간을 버티는 동안 말리크는 한층 성장했다. 엄마로서 보내는 시간도 이와 같다.

이 세상의 모든 엄마들에게 말해주고 싶다. 지금의 내가 초라하거나 부족해 보일지라도 좌절하지 말라고. 엄마가 되어도 '나'의 인생은 계속된다. 아이의 삶과는 별개로 내 꿈을 찾아 노력하고, 성장하며 세상으로 나아가면 된다. 지금은 힘들지라도 이 고비를 넘고 나면 분명 웃으며 돌아보게 되리라. 상처가 거름이 되어 예쁜 꽃을 피워 올리는 순간이 반드시 올 것이다.

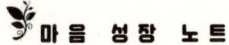 마음 성장 노트

1. 많은 아픔을 딛고 견뎌온 나를 토닥토닥 위로하는 말을 써보세요.

2. 좌절하지 않고 한 걸음씩 걸어온 나를 칭찬해주는 말을 써보세요.

3. 10년 후 나는 어떤 모습일지 구체적으로 묘사해보세요.

유년의 아픔이
뭉게뭉게 피어오르던
순간들
『누더기 외투를 입은 아이』, 『잠자리 편지』

그림책을 읽다보면 눈물이 날 때가 있다. 책 속에 등장하는 아이가 안타까울 때도 있고, 엄마의 마음이 나와 같아서 울컥할 때도 있다. 특히 내가 경험했던 어린 시절의 아픔이 떠오르는 그림책을 볼 때면 나도 모르게 눈물을 훔치게 된다. 그중에서도 내가 가장 아끼는 책은 『누더기 외투를 입은 아이』(로런 밀즈 글/그림, 서애경 역, 아이세움)와 『잠자리 편지』(한기현 글/그림, 글로연)다.

『잠자리 편지』는 시골 할머니 댁에 맡겨진 아이가 "일요일이면 온다"고 했던 엄마를 기다리고 또 기다리는 이야기다. 아이는 아직 어려서 엄마를 향한 그리움을 어떻게 달래야 할지조차 모른다. 저수지 밑바닥에 있던 고추잠자리 유충은 그런 아이의 모습을 지켜본다.

어느 날, 고추잠자리 유충들은 잠자리가 되어 하늘 가득 날아다니고, 그 모습을 본 아이는 엄마에게 짧은 편지를 쓰기 시작한다. 어떤 편지에는 언제 올 거냐고 묻고, 어떤 편지에는 엄마가 많이 보고 싶다고 쓴다. 아이는 어린 마음에도 엄마가 걱정할까 봐 자기는 잘 지낸다고 이야기한다. "나 밥 잘 먹어"라고 쓰기도 한다.

아이는 잠자리를 잡아 자기가 쓴 편지를 날려 보낸다. 신비로운 색깔의 잠자리 날개와 그 아래 매달린 고운 편지들. 하지만 첫서리가 내린 아침 잠자리는 죽은 것처럼 꼼짝도 하지 않고, 한참 울던 아이는 잠자리를 두 손 위에 올린 뒤 따뜻한 숨을 불어 넣는다. 잠자리는 다시 서서히 날아오르고, 마지막 장에는 엄마의 품에 안겨 행복해하는 아이의 얼굴이 그려져 있다. 아이의 바람대로 고추잠자리가 엄마에게 편지를 전해준 것일까?

춥고 가난하고
외로웠던 시절

나에게도 엄마를 그리워하며 눈물을 삼켰던 기억이 있다. 안면기형 판정을 받은 데다 가난한 형편 때문에 나는 어렸을 적부터 독하게 공부했다. 내가 살던 곳은 교육 환경이 열악했기에 매일 아침 기차를 타고 서울에 있는 학교에 다녔다. 고생스럽긴 했지만, 공부가 아니면 내가 이 현실을 벗어날 수 있는 길은 없을 거라고 믿었다.

하지만 무엇 하나 순탄하지 않았다. 열두 살 때 기차에서 떨어지는 사고를 당했고, 죽을 고비를 넘겨가며 큰 수술을 받아야 했다. 정신을 차리긴 했지만, 워낙 크게 다쳐서 심한 후유증이 남았다. 내 운명은 왜 이렇게 가혹할까 생각하며 많이 서러워했다. 그럴수록 공부를 포기할 수가 없었다.

건강 때문에 이전처럼 기차 통학을 하는 것이 불가능해지자 엄마는 대책을 마련하기 위해 이리 뛰고 저리 뛰었다. 결국 외삼촌과 이모들의 쌈짓돈까지 다 끌어모아 서울 연남동에 겨우 방 한 칸을 얻었다. 그때부터 3년이 넘도록 나는 그곳에서 이모와 사촌언니와 함께 살았다.

서울에서 공부를 할 수 있게 되었다는 사실에 너무나 기뻤지만 그만큼 치러야 할 대가도 컸다. 엄마와 떨어져 지내기엔 아직 어린 나이였다. 나는 항상 엄마가 그리웠다. 하지만 엄마와 통화를 할 때면 『잠자리 편지』에 등장하는 아이처럼 나는 잘 지내고 있다고, 하나도 힘들지 않다고 말했다. 그런 날이면 몰래 눈물을 훔치며 잠이 들고는 했다.

그러는 사이 중학교에 입학하게 되었다. 시간이 흘러 겨울이 되었고, 매서운 추위가 닥쳤다. 그러나 나에게는 코트가 없었다.

당시에는 학교마다 교복 위에 입는 교복 코트라는 게 있어서 그것 말고는 입을 수 없었다. 우리 집은 교복 코트를 살 돈이 없었고, 엄마는 나와 같은 학교에 다니는 고3인 사촌언니가 졸업해서 코트를 물려줄 때까지 1년만 참아보자고 말했다. 차마 싫다고 대답할 수가 없었다.

나는 겨울 내내 교복 재킷 안에 옷을 껴입고 다녔다. 그래도 엄청 추웠던 기억이 난다. 다른 아이들의 시선이 신경 쓰이고 괜스레 주눅이 들어 마음마저 시렸다. 가난은 부끄러운 게 아니라고 하지만 어린 나이에는 왜 그리 상처가 되던지. 그림책 『누더기 외투를 입은 아이』를 처음 읽었을 때 나도 모르게 다시 그 시절로 돌아간 것만 같았다.

천 조각에 깃들인 사연

『누더기 외투를 입은 아이』는 작가의 어린 시절이 녹아 있는 책이다. 주인공인 미나는 제목에서 짐작할 수 있듯 가난한 집 아이로, 탄광 일을 하는 아버지, 누비이불을 바느질하는 엄마와 함께 광산 마을에 살고 있다. 미나의 가족은 가진 게 없어도 화목하다. 눈 내리는 겨울, 가족이 다 같이 마대를 둘러쓰고 외출하는 그림에서 독자들은 행복을 읽을 수 있다.

하지만 아버지가 병으로 세상을 떠나고 만다. 엄마의 누비이 불을 보며 "해가 뜨고 질 때까지 세상을 빛내는 밝고 멋진 온갖 색깔이 다 들어 있다"고 말하던 아버지였다. 미나는 학교에 다니게 되었지만, 학교에 입고 갈 외투조차 없다.

사정을 알게 된 광산 마을 여자들은 미나에게 외투를 만들어 주기 위해 저마다 가진 자투리 천을 들고 미나의 집에 모인다. 미나의 엄마처럼 헝겊 깁는 일을 하며 푼돈을 버는 사람들이다. 안감으로 쓸 천을 찾지 못해 곤란한 상황에서 미나는 아빠가 자신에게 덮어주곤 했던 마대를 가져오고, 드디어 형형색색의 천이 누벼진 알록달록한 외투가 완성된다.

미나가 외투를 입고 학교에 가자 친구들은 누더기를 입었다며 놀려댄다. 미나는 창피함에 숲속으로 도망쳐 아빠를 떠올리며 울음을 터뜨린다. 비참한 기분을 극복하게 해준 건 아빠가 살아생전 해주었던 말들이었다. 사람한테는 사람보다 귀한 게 없다는, 색색의 천들이 세상을 빛내는 색깔이라는 이야기.

용기를 낸 미나는 자기를 놀린 친구들에게 간다. 그리고 엄마들이 외투를 만들며 나누었던 이야기를 들려준다.

"봐, 쉐인, 이거는 네가 태어나던 날 밤에 너희 이모가 엄마한테 준 담요 조각이야."

산파 할머니는 쉐인이 너무 작아서 사흘밖에 살지 못할 거라 했지만, 쉐인의 엄마가 그 담요로 아기를 꽁꽁 싸서 난로 옆에 두고, 쉐인의 아빠가 열심히 불을 지핀 덕분에 쉐인은 살아났다. 그렇게 모든 천 조각마다 제각기 사연을 담고 있었다.

친구들은 열심히 미나의 이야기를 들었고, 더 이상 미나의 외투를 놀리지 않았다. 오히려 누더기 외투가 '가장 따뜻한 외투'라고 이야기해주었다. 그에 대한 미나의 대답이 참 멋지다.

"모두가 나한테 따뜻함을 조금씩 나눠준 거야."

내 마음을 알아주기를 바랐을 뿐인데

내가 이런 그림책을 어린 시절에 읽을 수 있었다면 얼마나 좋았을까 상상해보곤 한다. 엄마가 너무 그리웠을 때『잠자리 편지』를 알았다면 그 아이에게 공감하며 위안을 받았을 텐데. 교복 코트 없이 추위를 견디던 그 겨울에『누더기 외투를 입은 아이』를 알았다면 조금 더 당당할 수 있었을 텐데.

한편으로는 이제라도 이 책들을 만나서 다행이라고 생각한다. 그 시절로 돌아가 울고 있는 나를 토닥여주고 눈물을 닦아줄 수 있어서 참 다행이다.

그림책 강의를 하다보면 아이들보다 어른들이 더 그림책에 빠져드는 모습을 보게 된다. 아이에게 좋은 그림책을 읽어주고 싶어서 강의를 신청했던 엄마들이 오히려 자신을 위해 그림책을 찾아 읽기도 한다.

"친구들은 아이를 낳으니 부모님 마음을 알 것 같다고들 해요. 그런데 저는 아이를 키울수록 더 이해가 안 돼요. 이렇게 어린데, 이렇게 예쁜데 우리 부모님은 나한테 왜 그랬을까…? 20년도 더 지난 일로 갑자기 울컥하고 울분이 솟아요."

상담 중에 이런 감정을 쏟아내며 통곡했던 엄마가 있다. 유년의 아픔을 가슴에 안고 살아온 그녀는 너무나 억울하다고 했다. 아이에게 좋은 부모가 되려고 애쓰던 와중에 문득 지금껏 부모 같지 않은 부모 밑에서 모든 걸 혼자 감당하며 살아온 자기 자신이 너무나 애처롭게 느껴졌던 것이다.

내담자는 어린 시절부터 내내 부모의 불화를 보고 자랐다. "내가 왜 이러고 사는 줄 알아? 네 아빠랑 진즉 헤어졌어야 했는데 너 때문에 참고 사는 거야!"라는 원망까지 들어야 했다. 내담자를 가장 힘들게 한 것은 자기가 모든 가족을 불행하게 만들었다는 생각이었다. 시간이 흘러 자기 탓이 아니라는 사실을 안 뒤에도 '나 때문에'라는 죄책감은 쉽사리 사라지지 않았다. 지금은 친정과 적당히 거리를 두고 있지만, 그렇다고 해서 과거의 상처가 아문 것은 아니었다.

괴로운 상황에 이성적으로 대처하지 못하고 원인을 자녀에게 돌리거나 화풀이하는 미성숙한 부모가 많다. 이런 부모에게서 과거의 상처를 위로받고 사과를 받아내기란 거의 불가능하다. 하지만, 자기 자신은 과거의 자신을 보듬어주고 사랑해줄 수 있다.

나는 내담자에게 부모로부터 가장 듣고 싶었던 말이 무어냐고 물었다. 만약 어린 시절로 다시 돌아간다면, 힘든 마음을 털어놓았을 때 부모가 어떻게 대답해주면 좋겠느냐고 묻자 그녀는 이렇게 대답했다.

"그냥 제가 힘든 걸 알아주는 말이요. 그랬구나, 네가 정말 힘들었겠구나, 그런 말이요."

그녀는 그저 부모가 자신의 마음을 알아주길 바랐다. 누군가 내 마음에 진심으로 공감해주기만 해도 문제의 절반 이상은 해결된다.

그럼에도 불구하고
잘 자란 우리들에게

치유는 공감에서 시작된다. 상처를 안고 살아가는 이들이 바라는 것은 당장 닥친 문제를 해결해주는 것이 아니라 그저 자신의 고통을 진심으로 알아주는 한마디인지도 모른다.

나는 어린 시절이 생각날 때면 내가 자란 곳을 가본다. 내가 어릴 적 살았던 동네는 많이 변했다. 그래도 그곳에 가면 많은 기억이 떠오른다. 좋은 기억보다는 안 좋은 기억이 더 많다. 그럼에도 내가 힘들 때마다 그곳을 찾는 이유는 나를 칭찬하고 격려하기 위해서다. 수십 년이 지나 내가 이렇게 많이 컸다고. 그 힘든 시간을 지나고 이렇게 괜찮은 나로 여기에 와 있다고.

나는 내담자에게 이 이야기를 들려주며 이렇게 말해주었다. 당신도 너무나 잘 살았다고. 그런 부모 밑에서 그토록 험한 말을 들으며 많이 힘들었을 텐데, 이렇게 잘 자라주었다고.

유년의 아픔을 딛고 지금 여기에 살고 있는 모든 이들에게 같은 말을 하고 싶다. 그렇게 평생 위로하고 다독여주라고 권하고 싶다. '그럼에도 불구하고' 잘 자라온 자기 자신을.